U0015394

一 走 上 癮 ！

理想——的 旅行

Buen Camino !!

CAMINO DE SANTIAGO

Buen Camino !

Top 4+1Routes of Camino de Santiago

聖雅各朝聖之路4+1全攻略

李珮慈 著　陳思安 繪

一走上癮！理想的旅行
聖雅各朝聖之路4+1全攻略

作　　　者	李珮慈
繪　　　者	陳思安
執 行 長	陳蕙慧
總 編 輯	曹　慧
主　　編	曹　慧
美術設計	比比司設計工作室
行銷企畫	張元慧、尹子麟
社　　長	郭重興
發行人兼 出版總監	曾大福
編輯出版	奇光出版／遠足文化事業股份有限公司 E-mail：lumieres@bookrep.com.tw 粉絲團：https://www.facebook.com/lumierespublishing
發　　行	遠足文化事業股份有限公司 http://www.bookrep.com.tw 23141新北市新店區民權路108-4號8樓 客服專線：0800-221029　傳真：（02）86671065 郵撥帳號：19504465　戶名：木馬文化事業股份有限公司
法律顧問	華洋法律事務所 蘇文生律師
印　　製	呈靖彩藝有限公司
初版一刷	2020年3月
初版四刷	2022年5月30日
定　　價	420元

有著作權‧侵害必究‧缺頁或破損請寄回更換

歡迎團體訂購，另有優惠，請洽業務部（02）22181417分機1124、1135

特別聲明：有關本書中的言論內容，不代表本公司/出版集團之立場與意見，文責由作者自行承擔

特別聲明：書中提供的價格、開放時間以截稿前的官方公告為參考標準，若因季節或政策改變而
　　　　　有所異動，請以當地的最新資訊為主

國家圖書館出版品預行編目（CIP）資料

一走上癮！理想的旅行：聖雅各朝聖之路4＋1全攻略／李
珮慈著.陳思安繪.－初版.－新北市：奇光出版：遠足文化發
行，2020.03
　面；　公分
ISBN 978-986-98226-4-0(平裝)

1.朝聖 2.旅遊 3.西班牙
746.19　　　　　　　　　　　　　　　109001261

線上讀者回函

Contents

PART 1
聖雅各朝聖之路的
歷史與路線介紹

PART 2
整裝上路前夕

PART 3 法國之路

PART 4
葡萄牙之路中央線

PART 5
原始之路

PART 6 北方之路

PART 7
世界盡頭之路

PART 8
星野聖地牙哥

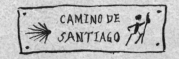

很西班牙的心靈享受

王儷瑾｜西班牙官方持照導遊

　　很多人說，西班牙人很懂得享受，但是很少人知道，西班牙人的享受不一定要花錢，而是有自己的時間做自己喜歡的事，所以，從看夕陽、跟朋友聊天到做運動、旅遊都算享受。而對西班牙人來說，喜歡和興趣很重要，跟享受有關，他們會因為單純的喜歡和興趣而做某件事，完全沒有考慮目的，例如，閱讀只是想享受閱讀的樂趣，享受學習的樂趣，而不是為了考試、證照、升官發財；而就算西班牙人做某件事是為了某些目的，還是會考慮是否喜歡和有興趣。

　　以讀書就業為例，西班牙人眼裡沒有「萬般皆下品，唯有讀書高」的傳統觀念，他們覺得，成績好壞跟未來沒有密切關係。求職的時候，工作經驗和資歷比文憑還重要，而在就業市場上，一技之長更重要。所以，西班牙的專科學校相當熱門。而要學一技之長，一定會找自己喜歡和有興趣的一技之長，就算有其目的，一技之長是一輩子要做的事，一定會考慮是否喜歡和有興趣。

　　在西班牙眾多專科學校，有幾個歐洲馳名的，例如Ubrique小鎮的皮製品工匠專科學校（Escuela de Artesanos de la Piel de Ubrique），因為名額有限，一年只收20名學生，現在有來自各國超過 800人在候補名單上；西北部加利西亞地區盛產花崗岩的石匠專科學校（Escuela de Canteros de Pontevedra）因其特殊課程，不僅有西班牙，還有德國、義大利等國學生，從學校畢業後工作應接不

暇，如英國西敏寺、大本鐘、美國國會大廈、里斯本的基亞多區、朝聖之路終點星野聖地牙哥主教座堂的修復工作都是出自該校畢業生之手，聖家堂的興建工程也少不了他們，甚至還參與2019年遭祝融之災的巴黎聖母院修復工程。

也就是說，「喜歡和興趣」以及「沒有目的」是一種非常西班牙的想法，但是有時候，我也會遇到有這種想法的東方人。

我認識幾個非常喜歡西班牙的台灣朋友，幾乎每年或每兩年都會從台灣來西班牙一次。他們雖然沒有住在西班牙，卻真的很西班牙。其中一位朋友幾年前聽我提到朝聖之路，從2017年開始一個人走，迄今已走了九次。2018年跟她聊天時她說，她有一堆關於聖雅各朝聖之路的中文書，但是全看不下去，唯一看完的只有一本，是法國人寫的中譯書。

我問她：為什麼？

她說：因為東方人只強調目的，著重在怎樣拿到朝聖之路的證書，跟我想要的不同，我喜歡沒有目的，只為了喜歡和興趣而做，這樣活著才值得！

也就是因為我這個朋友有這樣很西班牙的想法，只為了喜歡和興趣而做，所以朝聖之路會讓她上癮，每年到西班牙走個兩、三次。

現在，看完這本書，我應該可以跟我這位朋友推薦這本書，因為它沒有著重在怎樣拿到朝聖之路的證書，而是寫給喜歡歷史故事、喜歡文化、喜歡西班牙、喜歡旅遊、喜歡閱讀的人，文中談的是朝聖之路的故事、路過的城鎮景點及歷史典故，以及一些西班牙較不為人知的地區。看過這本書之後，你會發現，朝聖之路的目的不在於拿到朝聖之路的證書，甚至不在於抵達目的地，而是體驗沿途的經歷，感受一路的風景城鎮，以及享受途中的人文歷史。

這是一本很西班牙的書，不管你要不要走朝聖之路，只要你喜歡歷史故事、喜歡文化、喜歡西班牙、喜歡旅遊、喜歡閱讀，你就會喜歡它。

一定要帶著上路的朝聖之書

林學聖｜丘山旅行社總經理

　　展讀李珮慈小姐的大作，思緒不禁回到我自己的朝聖之旅。許多看似平凡的時刻，像定格畫面般在記憶中牢牢占據著位子，意外地清晰而明亮。

　　中世紀的聖雅各朝聖一度極為盛行，因黑死病等原因沒落之後，從上世紀起以另類旅行的姿態再度興起。人們從世界各地前來，有的懷著忐忑不安的心情初次上路，有的像是探望老朋友般快樂喜悅。這條路究竟有什麼魔力，吸引一年超過30萬人來走路？

　　聖雅各之路不像一般旅行舒適便利，必須靠自己的雙腳完成，一天要行走20-30公里；有時一連好幾個小時在山中獨行，不會路過店家休息。走到腳起水泡是正常，路邊的自動販賣機甚至可以買到治療水泡腳傷的藥品。朝聖客常會投宿在庇護所，價錢便宜，但通常是多人一室的通鋪，必須忍受許多不便。與其說是旅行，有時更像一種修行。

　　因工作之故，我曾走過三次法國之路，有自助行，也曾擔任領隊帶團。雖因時間所限，未能走完全程800公里，但每次結束之後，都和作者有相同的感覺——我將會再來。

　　坦白說，聖雅各之路沿途風景不算山川秀麗，甚至有些平淡，但是心裡的風景卻是特別。一天數十公里的步行，將生活簡化到只剩下「走路、吃飯、睡覺」三件事，心靈被轉換至非常單純的狀態。注意力花在邁開腳步，尋找黃色

箭頭；心中的渴望是趕快走到下一個店家，喝一杯現榨的柳橙汁。或許是心靈掙脫了俗世的枷鎖，一些平凡的畫面或言語，就能輕易觸動心弦，深深刻入記憶中。

作者筆下具有深度的背景介紹，還有真摯的心路歷程，不但滿足了我對未竟路段的好奇心，也道出了大多數朝聖者的真實感受。朝聖之路上有許多古建築、歷史典故，多花一些時間，朝聖之旅將有更多的收穫。作者花了許多篇幅講述聖雅各之路的歷史背景，還有沿路景點的介紹，再加上有用的上路須知，本書實是市面上難得兼具深度與實用性的聖雅各之路專書。而且除了最熱門的法國之路外，還有其他四條路線的介紹，也是走過法國之路的朋友們，想要挑戰其他路線的極佳參考書。

書中對於聖雅各之路沿途的庇護所詳加介紹，也是本書特別之處。庇護所雖然沒有旅館舒適，但是延續中世紀以來的傳統，住宿及餐食都非常便宜，各家也有不同特色，是非常具有溫度的地方。在庇護所住宿幾晚，是朝聖之旅上不可或缺的體驗。敝公司在安排團體行程時，也必定會將庇護所住宿體驗納入其中。

「走一次不一定就能解決人生的所有疑惑，但我相信只要用心體會，仔細咀嚼朝聖途中的回憶，有許多微小的想法、轉變的念頭，甚至別人的生命故事都會一點一滴地在你心中累積、加深，並且轉換為全新的能量，留待人生路上需要時發出光芒。」

作者在書中為聖雅各之路下了以上的最佳註腳。她本人也曾在世界盡頭之路的終點見證奇蹟，而立下了寫作聖雅各之路專書的決定。我自己將在今年踏上葡萄牙之路，本書絕對會在我的行李中占據一個位置。正在展讀本書的您，是否也決定要出去走走？

找到一種理想的旅行模式

2016年之前，我對聖雅各之路一無所知。在偶然閱讀書籍時才得知，原來西班牙有一條路，可以邊走邊旅行，沿途經過美麗的中古世紀小城鎮，造訪一般觀光客不會去的地方，走一個月到達目的地：星野聖地牙哥大教堂（Catedral de Santiago de Compostela）。

過去我的旅遊模式就是挑一個國家，選擇最划算的交通方式例如火車特價、周遊票券，在規定的有效日期內東西南北跑把通票價值用到最大化，或是在有限的假期天數，把一個國家能觀光的城市都盡量逛完。對我們亞洲觀光客而言，能拿到一段假期或花上一大筆錢到某個國家去旅行，都是彌足珍貴的事情，世界上能去觀光旅遊的地方這麼多，要有機會舊地重遊通常不太容易。

然而西班牙的朝聖之路很不一樣，在這條路上不需要計畫交通，因為唯一的交通方式就是朝聖者的雙腳；在這條路上與其說是在西班牙觀光，不如說是離開原本的環境，學習在地球另一端享受生活。一旦嘗試過回歸純粹的簡單日常生活，不需顧慮太多外在事物只需要專注地往前走，就會漸漸迷戀上這種旅行模式的美好，不少朝聖者正因為這個原因每隔一段時間就會重新上路，回到這裡正常作息跟著黃箭頭移動，透過身體的勞累清空腦中的雜念。

用更實際一點的角度來看，這樣的旅遊方式很省錢，公立庇護所5到8歐元，朝聖者套餐10歐元，一整天的食宿可以在25歐元的預算內解決。不管是gap year的青年、浪跡天涯的背包客、離職轉換工作的上班族、中高齡退休人

⬆ 朝聖之路由不同黃色箭頭、指標、石碑指引前進。

士，這條路適合所有的族群，每個人都帶著各自的故事上路，找尋各自的人生目標，不過他們都在做著相同的事：步入星野聖地牙哥。

　　我從2016年開始至今，走過幾條不同的路線，一開始只是想找有漂亮風景的地方進行低成本長時間的旅行，過了幾次逐漸發現這條路值得學習的事物，不只是藉由對話瞭解更深層的自己，還有「朝聖」這件事本身蘊涵的歷史和人文精神。這也是為什麼我想寫一本跟朝聖之路有關的書，內容包括四條主要路線的差異、途中特別的城鎮或庇護所、在路上習得的知識和哲學，以及文學性的思考和領悟。我想分享從這條道路中得到療癒心靈的經驗，不管那是接近神學領域，或只是靈機一動的自我啟發。

　　也因此我想把這些年在路上學習到的經驗，傳達給正在閱讀這本書的你，不管你是否曾經對朝聖之路起心動念準備動身前往，或是經歷過那樣一段日子，想要回味旅程的美好。雖然世界上很多地方都有徒步旅行路線，朝聖目的地也不是只有聖地牙哥大教堂，然而這條路讓不論有無天主教、基督教信仰的朝聖者都能感受到其魅力，甚至多次回去舊地重遊，這些原因和背後的故事，都非常迷人且值得探討。一條同樣的路線，不同的朝聖者可以創造出不同的故事，這件事情從中古世紀到此時此刻，每天都在進行中。

　　願未上路的人能獲得知識和勇氣，願此時在路上的人能在徒步中獲得寧靜，願已從路上平安歸來的人獲得內心的提升，我們Camino見！

法國之路上的經典風景：遼闊的麥田景色。

→

聖雅各朝聖之路入門 Q & A

　　對於剛開始得知朝聖之路的人而言，要著手計畫這趟長征前想必心中有著許多疑問，以下列出十大常見問題作為新手上路的基本參考。

1. 請問朝聖之路總共有幾條路線？

　　老實說這個問題沒有確切的答案。中世紀的朝聖者只能以驢馬、步行為交通方式前往星野聖地牙哥，因此當時的人是以自己的家鄉為起始點進行朝聖之旅。現代的朝聖者多數會從特定的起點出發，例如法國之路的聖讓皮耶德波（Saint Jean Pied de Port，簡稱SJPP）或葡萄牙之路的里斯本和波多等。

　　若打開西班牙的地圖，可以發現幾乎所有的大城市如馬德里、巴塞隆納、瓦倫西亞、托雷多或塞維亞等都有前往聖地牙哥的朝聖路線和小型支線！而在法國境內也有四條主要方向分別從巴黎、維澤萊（Vezelay）、勒皮（Le Puy）、亞爾（Arles）出發，前三者在法國之路的起點SJPP交會，而亞爾則是在松波（Somport）進入西班牙境內的阿拉貢之路。

朝聖之路上經過之處蓋的章，
都是朝聖者日後的回憶。

　　我也曾經在朝聖路上遇到從德國、義大利、荷蘭一路走到西班牙，或甚至
迎面而來走反方向，從聖地牙哥要走回家鄉的朝聖者。所以路線和走法有無數
種可能性，要確切算出有幾條路線實在不是容易的事。

2. 走朝聖之路有什麼條件嗎？如何辦理朝聖者護照？

　　走朝聖之路並沒有特別規定和限制，只要具備基本體力、簡單裝備、食宿
費用、交通成本如機票，大致上就已算是完成前置準備了。過程沒有規範期
限、可以分段完成、不用跟團或請嚮導，一切都可按照朝聖者本身的身體狀況
或計畫彈性調整。唯有要在聖地牙哥領取拉丁文朝聖證書者，步行須以聖地牙
哥為目的地至少走100公里（腳踏車者則為200公里），若是此類短距離行走
一天至少需在朝聖者護照上蓋兩個章。

　　所謂的朝聖者護照（Credential）可在出發地的朝聖者辦公室或遊客中
心、大教堂、公立庇護所取得，通常價格約為2歐元或自由樂捐。辦理後可憑

此入住沿途提供給朝聖者的便宜住處，另外在朝聖之路上的商家、餐廳、遊客中心、博物館甚至警察局或大學，通常也會有具特色的刻章。因此一趟路程下來朝聖者護照上會蓋滿住宿、消費店家、參觀過的景點或教堂的特別回憶。

3. 聽聞西班牙大城市治安不好，請問走朝聖之路安全嗎？

原則上朝聖之路經過的小鎮或村莊都是非常熱心助人、民風純樸的地方。不過近年來因為這條路吸引越來越多遊客前往，因此有些熱門季節陸續出現竊賊假扮朝聖者趁人不注意時偷走財物的情況。多數庇護所都屬於開放空間，加上每天入住的人都不一樣，因此經營者很難辨別是否為有心人士進入住處。最好的方法就是時常保持警覺性，上廁所、洗澡、睡覺最好都以「重要財物證件、手機電器不離身」為前提，降低遭竊風險。

4. 走朝聖之路沿途上廁所方便嗎？

朝聖之路雖是行走在寬廣的大地或是山林，但並不算是在荒山野嶺求生。以最熱門的法國之路而言，多數日程上平均每5到7公里就會經過小鎮，可在當中的酒吧或餐廳喝咖啡，吃東西順便上廁所，其餘路線的城鎮間距約在7到12公里左右。北方之路、原始之路人潮和商店較少，若真遇到內急在森林裡野放是再自然不過的事，只須注意一個原則：不要把使用過的個人用品留在大自然或郊外，野外如廁後的衛生紙請放在隨身攜帶的小垃圾袋中，等到有垃圾桶的地方再丟棄。

路途中可在當地咖啡店、酒吧消費歇腳順便上廁所。圖為北方之路上美麗的咖啡店。

5. 請問大概要準備多少預算？

　　預算多寡取決於朝聖者本身對食宿的需求。西班牙境內的公立或教會庇護所約5到8歐元，私立則是10到15歐元。若在酒吧點咖啡或飲料一次約1.5至2歐元，早餐約3歐元，中午以簡單乾糧或是三明治解決午餐，晚餐若外食，朝聖者特餐約10到12歐元，若能找其他朝聖者分攤食材費用下廚則又可省下一筆開銷。一般情況下若是住公立庇護所、飲食預算較寬鬆者，一個禮拜多控制在200歐元左右，或是一天消費25到30歐元之間。

6. 想要多節省一點行李重量，請問睡袋是必需品嗎？

　　我個人認為睡袋是必需的，不過可依照季節氣候以及個人對冷熱的忍受度進行調整。例如在盛夏走法國之路的話，可以帶薄型的睡袋就好；但相同的時間在原始之路的山區可能就需準備10-15℃的規格；更不用說春秋早晚溫差大的時候睡袋的重要性。加上有些庇護所毛毯放在櫃子裡不一定常清洗，綜合衛生因素和舒適度，睡袋是這條路上一項重要的個人用品。

7. 如果我的假期只有兩個禮拜，請問推薦走哪一段或是哪一條路線呢？

　　首先這取決於朝聖者的目的：要不要領取拉丁文星野證書（Compostela）。

　　若不在意證書，兩個禮拜可從SJPP走到布爾戈斯，體驗庇里牛斯山和納瓦拉（Navarra）地區的美麗中世紀小鎮；或是走北方之路體驗巴斯克海岸線險峻的地勢，以及遍嘗當地美食美酒；若是希

若只走100公里，多數人選擇以法國之路上的薩利亞為起點。

望獲得證書，兩個禮拜的時間在法國之路上則能以萊昂（León）為起點，或是選擇原始之路、葡萄牙之路。

　　若是時間不夠只能走100公里的朝聖者，多數人會選擇以法國之路上的薩利亞（Sarria）作為出發點，這也是為什麼在旺季時最後一段路程總是人滿為患的原因。我個人最推薦的100公里路程是原始之路，從被羅馬城牆包圍的古城盧戈（Lugo）出發，途中可繞路至一座由4世紀神殿改建而成的小教堂，欣賞獨特的壁畫，停留在人煙稀少的小村莊，享受庇護所供應的朝聖者晚餐西班牙海鮮燉飯，隔日再與法國之路會合，既可參觀到古蹟景點，又感受到寧靜和熱鬧的不同氛圍。

8. 不是天主教或基督教徒也能去走嗎？

　　當然可以。雖然星野聖地牙哥是天主教的朝聖地，但並沒有限制參與者的信仰，對於不同文化背景的朝聖客而言，這條路的包容程度相當高。不過這不只是一條健行、挑戰體力的道路，出發前若能對《聖經》典故、基督教文化、彌撒儀式有基本的認知，或是能先簡單認識西班牙的歷史文化，走起路來絕對會有更多共鳴和樂趣。

　　另外，彌撒結束後的領取聖體聖血時間是為受洗過的天主教徒舉行的儀式，若非教徒身分可提前表明。

漫步在美麗的城市布爾戈斯，就算不是教徒也能感受到朝聖之旅的魅力。

9. 請問什麼季節最適合走朝聖之路呢？

朝聖之路一年四季都有人走，只不過冬天時，部分庇護所會趁淡季休息不營運，以及山區在冬、春季可能因降雪影響能見度，須特別留意住宿和氣候變化。一般而言，西班牙北部路線的朝聖高峰在7、8月之間，6和9月次之，其他旺季則是受到歐洲或西班牙的國定假日影響，例如4月復活節前後的連假（在西班牙則為聖週Semana Santa）。淡季行走有淡季的優點，而旺季雖然人滿為患不過也活絡朝聖路上的氣氛，兩方各有擁護者，所以就挑選你喜愛的景點或庇護所有開放的季節好好享受吧！

10. 請問走完以後生活有改變嗎？有得到出發前想要的啟發嗎？

初次上路之前，想必對於朝聖旅程都會抱持相當的期待，例如認為一個月後的自己會脫胎換骨、找到人生目標、忘卻某些傷痛等等。然而很難因為一次的個人體驗就足以對朝聖之路下完整定義或是詮釋，花了一筆旅費出去也可能很難帶回實際立竿見影的速成收穫。

即使朝聖之路帶給人的不是立即性的改變或影響，不過卻像一種緩慢的發酵效應。一直到回歸各自原本生活，在某個繁忙的時候突然想起當初同行朝聖者的一句話、庇護所老闆的生活哲學，產生醍醐灌頂的那種時刻，你才會感受到這條路的神奇或魅力，或許要過三五年朝聖者才能慢慢感受到自己產生了變化呢！

朝聖帶來的影響是緩慢進行的，圖中這對夥伴每年都會一起來走朝聖之路。

PART 1

朝聖之路的
歷史與
路線介紹

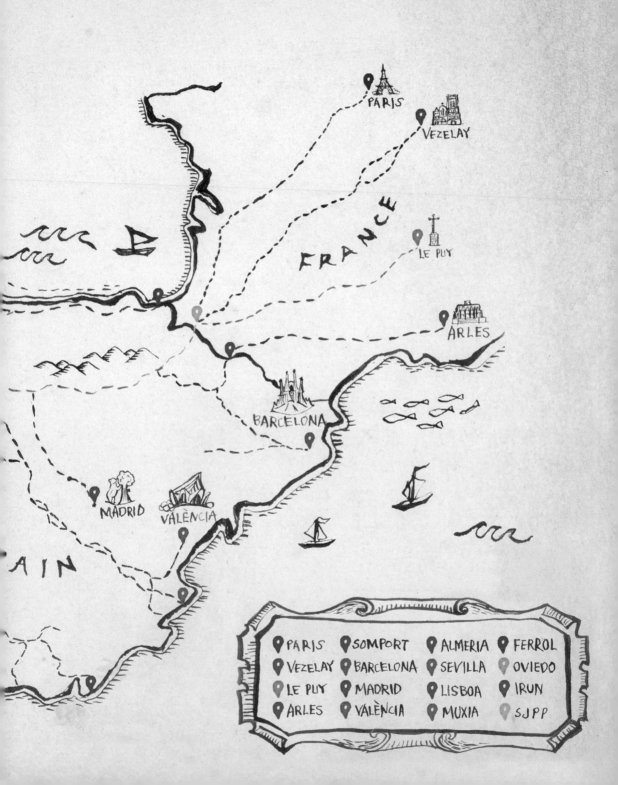

PARIS

VEZELAY

FRANCE

LE PUY

ARLES

BARCELONA

MADRID   VALÈNCIA

AIN

PARIS	SOMPORT	ALMERIA	FERROL
VEZELAY	BARCELONA	SEVILLA	OVIEDO
LE PUY	MADRID	LISBOA	IRUN
ARLES	VALÈNCIA	MUXIA	SJPP

基督教早期傳播
與派別發展

　　在古世紀基督教剛創立時，耶穌和他的使徒被視為異端而遭到迫害，儘管傳教困難，卻沒有阻止傳教者將信仰由耶路撒冷往外發揚光大的決心。相傳耶穌十二門徒之一的雅各曾在西元40年到伊比利半島傳教，回到以東地區後於西元44年被當時國王希律王下令刺殺處決，成為第一位殉道的使徒。而20年後，當門徒彼得、保羅到羅馬傳教時，也遭受到羅馬帝國迫害殉道而死。基督教形

↓ 古羅馬帝國在伊比利半島上有不少遺跡，例如葡萄牙之路中央線的蓬特迪利馬。

成正統性要一直等到西元313年羅馬帝國皇帝君士坦丁發布《米蘭詔書》，將基督教訂為合法宗教後，才讓信徒和傳教士免於遭受威脅迫害。

到了4世紀末期，當時皇帝狄奧多西將基督教定為國教後，基督教的地位再次提升，也開啟了神權、王權密不可分的時代，教會開始掌握信仰的精神權力以及政治的世俗權力。在羅馬帝國擴張的巔峰時期，勢力範圍擴及歐、亞、非三大洲，也包括了現今西班牙、葡萄牙所處的伊比利半島，例如在原始之路上的盧戈古城，就可看見3世紀時的古羅馬帝國時期城牆。

西元395年，狄奧多西去世，羅馬帝國分裂為東、西兩大帝國後，基督教也發展出各自的派別：東正教（又稱希臘正教）以及羅馬公教（天主教），往後中世紀歐洲社會發展中，天主教扮演著非常重要的角色。而教徒三大朝聖地則為：耶路撒冷、羅馬、星野聖地牙哥（Santiago de Compostela）。

法國之路上的阿斯托加。　原始之路上盧戈之後的郊區某處，也立著古羅馬文石碑。

聖雅各與
伊比利半島

據傳聖雅各西元44年殉道而死後（另一說是西元40年），弟子們偷渡遺體到船上，沿著地中海漂行，直到在加利西亞海岸邊的烏亞河口（río Ulla）上岸。位於葡萄牙之路上的城市帕德隆 （Padrón，距離現在的聖地牙哥約24公里，中世紀時古名為Iria Flavia）因此據信是當初聖雅各在世時的傳教地區，以及死後重回到伊比利半島的第一站。當弟子帶著聖雅各的遺體和石棺上岸的那個時代，仍是異教徒當權掌握天下，他們只能低調地將遺體安葬在加利西亞的森林某處，直到幾百年後才得以重見天日。

◄ 聖雅各的兩名弟子及天使將其遺體
運送回伊比利半島，拍攝於葡萄牙
之路上帕德隆的聖雅各教堂。

西班牙的
收復失地運動初期

而聖雅各以及天主教在中世紀的西班牙地位
變得如此重要，在於西元711年開始一直到1492
年才結束的「收復失地運動」（Reconquista），
這是一場與伊斯蘭教摩爾人（阿拉伯人、北非柏
柏人的統稱）長達近800年的勢力對抗。

西元813年，那是一個摩爾人占絕對優勢，
僅靠著北邊唯一天主教政權「阿斯圖里亞斯王
國」孤軍奮戰、以寡擊眾的時代。當時有人看見
遠方異常閃亮的星光，沿著這道星光的方向找到
了一座陵墓與石棺，在加利西亞地區主教得到神
的啟示後，認證在此地找到的是耶穌門徒聖雅各
的遺骸。對於正在打仗的天主教士兵而言，見證
天降奇蹟、聖人信物，給予軍隊士氣最大的振奮
與鼓舞，當時驍勇善戰的國王阿方索二世便在隔

↑ 星野聖地牙哥舊城區中阿方索二世的雕像。

年下令，在找到聖人遺骨的繁星之地建造教堂，因此當地便被稱為「星野的聖
地牙哥」（Santiago de Compostela）。之後阿方索二世也親自帶領軍隊從當時
首都奧維耶多（Oviedo）出發，開啟走向聖城的第一條路，也就是所謂的原始
之路（Camino Primitivo）

聖雅各開始成為
對抗摩爾人的精神象徵

　　時間推回阿方索二世時期的前兩任國王：毛列加托（Mauregato），他在783年與伊斯蘭教哥多華酋長國的國王簽下了不平等合約：每年進貢一百位女性給對方。此舉引發國內反彈，毛列加托即位六年後過世，繼任的國王貝爾穆多一世（Bermudo I）改用金錢取代女性進貢。到了阿方索二世時期，阿斯圖里亞斯王國變得更擅長作戰，也不需要向南邊的伊斯蘭王國進貢金錢或美女，軍隊甚至進攻到現今葡萄牙的里斯本，人民也漸漸往加利西亞、萊昂、卡斯提爾地區發展。然而到了下一位國王拉米羅一世（Ramiro I）時期，國力再度開始衰弱，摩爾人再度要求進貢一百位美女，但遭到拒絕，因此在西元844年爆發了克拉維霍戰役（Batalla de Clavijo）。

戰爭開始時天主教軍隊始終處於劣勢，直到有一天國王拉米羅一世夢到聖雅各前來表明身分並承諾會幫助士兵打贏摩爾人，果然隔天5月23日，便見到身騎白馬、手持寶劍、奮勇殺敵的聖雅各顯靈，而軍隊也在此場戰役中獲勝。如此神蹟降臨的消息傳開來，信徒們無不感到振奮喜悅，便開始有了從自家門出發，前往星野聖地牙哥瞻仰聖人遺骨的朝聖活動。聖雅各成為天主教軍隊對抗摩爾人

↑ 聖雅各為摩爾人剋星的形象雕刻，攝於法國之路上的阿斯托加主教宮。

天主教王國與伊斯蘭教王國勢力的分布圖，從西元 750年阿斯圖里亞斯王國僅占據北方一小部分。

到910年逐漸往南收復、擴大勢力範圍。

到了1210年天主教王國逐漸形成當代西班牙行政 自治區的基礎雛形。

而在1360年最後的伊斯蘭教勢力奈斯爾王朝領土僅 剩下格拉納達周遭。

的精神象徵，得到「摩爾人剋星」（Santiago Matamoros，英文Saint James the Moor-slayer）的稱號，也成為西班牙人的守護聖人。爾後越來越多歐洲人跨越 庇里牛斯山進行這趟見證神蹟、實踐信仰的朝聖之旅。雖然有些學者從考古及 文獻中，認為克拉維霍戰役並不符合史實，不過前往星野聖地牙哥的朝聖文化 早已從中世紀傳承至今並且深植人心。

中世紀的
朝聖旅人

12世紀的《加里斯都手抄本》，攝於法國之路上薩阿貢的朝聖者教堂，星野聖地牙哥大教堂博物館亦有收藏。

在十字軍東征的最初時期（1096到1291年），教徒很難進入耶路撒冷，於是改以羅馬或聖地牙哥為朝聖目的地，使得聖雅各之路在中世紀開始更加盛行，也帶動了沿途的商業繁榮，以及基礎設施如醫院、橋墩、旅店、教堂、修道院的建設。

古代的朝聖者以步行、騎驢或馬進行旅程。歷史上最早的聖地牙哥朝聖指南出現在12世紀《加里斯都手抄本》（Codex Calixtinus）的第五卷，透過當中的描述得知中世紀聖雅各之路上的城鎮樣貌、生活形態。雖然指南中對於距離的敘述不太精準，例如600公里的路程只分成13天的路段，相當於一天要前進50公里，以及作者在某些地區不愉快的經驗造成偏見，但大致上還是可以看見一些流傳至今的傳統，例如朝聖者會購買貝殼作為旅途中的紀念品；以及抵達聖地牙哥後馬上參拜聖雅各祭壇的貧窮朝聖者，便會獲得教堂旁朝聖者醫院[1]的食宿招待。時至今日，前十名在朝聖者辦公室領取到星野證書的朝聖者，也有機會得到一張大教堂旁邊高級國營旅館的午餐餐券，其中的意涵不只是獲得免費的套餐，更重要的是在這條聖雅各之路上，自古傳承對朝聖者關愛和樂於幫助的文化價值。

1 15世紀末的朝聖者醫院，現今則改建為高級的國營旅館：Hostal de los Reyes Católicos–Parador de Santiago de Compostela。

每日前十名領到拉丁文星野證書者拿到的餐券，是中世紀沿襲至今的傳統。

現代的
朝聖之路

　　巴西作家保羅・科爾賀的《朝聖》以及好萊塢演員莎莉・麥克林的《聖雅各之路：莎莉麥克林的光之旅》是西方國家最廣為人知的作品，近年來深受朝聖者喜愛的則是美國電影《朝聖之路》（The Way）和德國喜劇主持人哈沛・科可林的著作及改編電影《我出去一下》（Ich Bin Dann Mal Weg），這些作品受到歡迎並且引發朝聖現象，顯示現代人踏上朝聖之路除了宗教因素外，更多人重視的是靈性的追尋以及人生歷練的成長。

　　領取朝聖者星野證書的基本規定是以聖地牙哥為目的地步行至少100公里，騎腳踏車者則至少200公里，每日至少沿途蓋兩個章以茲證明（距離更長者不在此限）。朝聖者可以藉由長時間的步行，放慢生活節奏，思考人生哲學，或打開心胸和其他國家朝聖者學習交流。現今聖雅各之路仍然受到歡迎，除了大眾文學、影視媒體的推波助瀾外，最值得探討的仍是現代人對身、心、靈平衡的渴望，以及對文史、大自然的嚮往。

　　若在出發前能對西班牙歷史、朝聖文化稍作研究，上路以後便能親身體驗伊比利半島的發展脈絡，讓過去書本上學習到的知識在身體力行下得到實際的驗證，這絕對是旅行的最大樂趣！例如行走在法國之路上，途經巴斯克語的納瓦拉省與其他地區的文化語言大不同，13世紀後日漸壯大的卡斯提爾王國建立了文化霸權，所使用的卡斯提爾語即是現在的西班牙語；在葡萄牙之路上，會發現葡萄牙朝聖者和西班牙境內說加利西亞語的長輩可以用各自的語言溝通無

礙，原來是因為加利西亞王國自古以來就和葡萄牙王國為鄰，因此語系相近；在原始之路上由於發展較早，可以看見線條簡約、結構較單純但內涵豐富的奧維耶多大教堂以及石板搭建成的中世紀朝聖者醫院遺跡。而在北方之路上則有機會欣賞到史前洞穴壁畫的文明，感受伊比利半島上古老原始的生命力。除此之外，南邊安達魯西亞在長年伊斯蘭教統治下保留至今的清真寺、伊斯蘭宮廷建築以及半島上三教並存（天主教、伊斯蘭教、猶太教）兼容並蓄，留下複雜卻精采璀璨的歷史文明。

　　本書將以文化面、朝聖者心靈層面角度切入，介紹及探討聖雅各古道前四大熱門路線：法國之路、葡萄牙之路中央線、北方之路、原始之路，還有抵達聖地牙哥後的世界盡頭之路，以實際走訪各地的經驗向讀者介紹朝聖之路上動人的故事、遼闊的風景和流傳千年的歷史文明。

↓ 當代法國之路山坡上的風車。
→ 北方之路途中經過的公路一景。

聖雅各
朝聖路線介紹

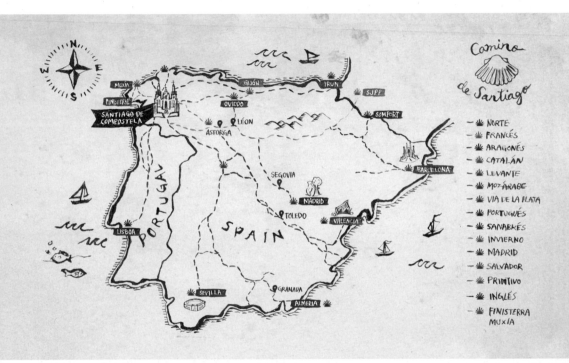

除了本書提到的四大熱門朝聖路線外，西班牙境內遊客熟悉的城市幾乎都能通往聖地牙哥，例如以首都為起點的馬德里之路（Camino Madrid），途中會經過古羅馬帝國在1世紀留下的知名世界遺產：塞哥維亞水道橋；而從巴塞隆納近郊出發的加泰隆尼亞之路（Camino Catalán），則與阿拉貢之路交會；以上路線皆會與最熱門的法國之路合流。

而從西班牙南邊的安達魯斯地區（Al-Andalus，古時摩爾人對安達魯西亞的稱呼），則有以塞維亞為起點的銀之路（Via de la Plata），或是其分支摩斯阿拉伯之路（Camino Mozárabe，所謂的摩斯阿拉伯人是對於生活在穆斯林統治下基督徒的統稱），從海邊城鎮阿爾梅利亞（Almeria）開始，沿途經過摩爾人統治時期最著名的城市格拉納達（Granada）和哥多華（Córdoba），南方兩條路線會合後經過以穆德哈爾式建築聞名的小鎮卡塞雷斯（Cáceres）、大學城薩拉曼卡（Salamanca），向北方前進可選擇在阿斯托加與法國之路會合，或避開人潮走薩納布雷斯路線（Camino Sanabrés），這條路經過溫泉和羅馬古橋聞名的奧倫塞（Ourense），最終抵達聖地牙哥。南邊出發的路線總距離皆超過1000公里，沿途人潮和商店較少，建議上路前備足當日糧食及查好兩到三間住宿備案。而由於安達魯西亞夏季極熱，朝聖者多選在秋冬或春季出發。

哥多華主教座堂內外伊斯蘭教與天主教建築風格融合的實例。

↓ 哥多華主教座堂一角，上有伊斯蘭
教建築的各種元素：馬蹄拱、繁複
雕刻、多邊形柱頭。

↑ 塞維亞主教座堂保留原始清真寺建築如宣禮塔、馬蹄拱大門，
再加入文藝復興式的雕刻。

何謂穆德哈爾式建築（Mudéjar）？

這是一種伊比利半島上盛行於12到16世紀的建築風格，融合伊斯蘭傳統的馬蹄拱、圖形重複排列或是繁複雕刻元素，加上西方仿羅馬式、哥德式或巴洛克式的架構，如拱柱或門廊。是收復失地運動後期東西方兩種文化成功融合的象徵，也是伊比利半島上獨特的藝術文化。

在西班牙南部安達魯西亞的城市旅遊，可以看到許多保存良好的回教建築或阿拉伯浴場，例如在格拉納達可以欣賞到氣勢壯麗的阿蘭布拉宮（Alhambra）呈現出伊斯蘭皇宮的精美雕刻與豪華排場，而塞維亞、哥多華的主教座堂則是以舊時的清真寺為基礎改建或擴增，加入仿羅馬式的圓柱、拱頂以及巴洛克式的人物雕刻，形成一種特殊的建築風格。

除了在南方安達魯西亞、埃斯特雷馬杜拉自治區、中部城市托雷多、東北邊的阿拉貢自治區都有不少聞名的穆德哈爾式建築，而本書朝聖路線上途經法國之路的薩阿貢小鎮有兩座頗具名氣的穆德哈爾教堂，北方之路上高第的建築奇想屋（El Capricho）在窗框或柱頭也添加了不少相關的設計元素，若在西班牙旅遊期間經過這些小鎮，都很值得停留下來參觀感受其魅力。

PART 2
整裝上路
前夕

初期規畫

　　當開始下定決心要走朝聖之路後，可先依照自己的假期長短、要走哪條路線購買機票，一般來說以馬德里或巴塞隆納進出最為彈性，若是直飛巴黎則需再買巴黎到南法的火車票或是國內線機票；葡萄牙之路可由波多（Porto）進出，結束後從星野聖地牙哥搭巴士4小時車程返回起點，比到馬德里方便。再來是裝備部分，初期建議從慎選背包和登山鞋開始著手，這兩樣東西最好先試戴、試穿後再購買。背包容量以不超過50L為前提，除了夾層、側帶、背包雨衣等附加功能外，腰部支撐、背部透氣、肩部調整都很重要，重量不能都壓在肩膀上，必須藉由腰部適當分散。而鞋子部分挑選標準是適合自己的腳型例如楦頭、腳背高度、足弓，加上鞋底的抓地力要夠強，夠硬和厚可以長時間行走在碎石子路上。出發前可穿戴相關配備進行體力訓練如走路、爬山，以及在健身房訓練腿、腰、背的肌耐力。

↑ 步行朝聖之路前最重要的是選擇一雙適合自己腳型的好鞋。

↑ 戴上背包、登山杖，朝聖之路即將開始。

打包要點

背包和行李的總重量不要超過個人體重的十分之一，用品以輕量、快乾為原則，以我夏天出發的經驗，精簡過後的行李如下：

外出衣物：

☐ 速乾運動上衣　2-3件 ①
☐ 登山短褲＋長褲　各1件 ②
☐ 機能性防風＋防水外套　1件 ③
☐ 登山鞋　1雙／登山襪　2雙 ④
☐ 乾淨外衣、外褲　1套（洗完澡、睡覺穿） ⑤
☐ 登山帽　1頂 ⑥
☐ 太陽眼鏡　1副 ⑦
☐ 登山背包　50L以內 ⑧

個人藥品、保養品：

☐ 止痛藥、感冒藥　少許 ⑨
☐ 小瓶百靈油或凡士林　各1 ⑩
☐ 碘酒／防水泡針線　各1 ⑪
☐ OK蹦　5-10片 ⑫
☐ 防曬乳　1瓶 ⑬
☐ 小瓶卸妝、保養乳霜　各1 ⑭
☐ 指甲剪　1個 ⑮

盥洗用品：

☐ 洗髮皂　1塊 ⑯
☐ 洗臉／身體皂　1塊 ⑰
☐ 洗衣皂　半塊 ⑱
☐ 牙膏／牙刷／牙線　各1 ⑲
☐ 快乾毛巾　1條 ⑳
☐ 曬衣夾／摺疊衣架　2個 ㉑
☐ 內衣褲　2套 ㉒

其他：

☐ 登山睡袋　1個 ㉓
☐ 拖鞋或外出便鞋　1雙 ㉔
☐ 耳塞、眼罩　各1副 ㉕
☐ 水壺和水杯　1個 ㉖
☐ 登山杖　1-2支 ㉗
☐ 充電轉接頭／充電線　各1 ㉘
☐ 耳機／行動電源　各1 ㉙
☐ 腰包　1個 ㉚
☐ 其他個人用品，如：日記本、
　　眼鏡、袖套、錢包證件等 ㉛
☐ 頭燈　1副（視個人需要） ㉜

⬆ 打包用品時以輕便、簡易、不超過個人體重的十分之一為原則。

若朝聖者在冬天出發，衣物可換成速乾長袖、長褲裝備，以刷毛材質衣物當保暖層，搭配防水、防風的機能性外套。多數生活用品在途中商店或超市皆有販售，不用擔心帶不夠，有需要再購買即可。

季節選擇

一般歐洲上班族在夏季會有至少兩週的假期,所以朝聖之路在夏季7到9月最為熱門,7月行經小鎮古城時非常有機會遇到可以體驗當地文化的慶典,也有朝聖者會選擇在聖雅各日(每年的7月25日)當天抵達聖地牙哥,在這段期間的住宿皆會非常搶手。

若在夏季行走,須特別注意床蝨(bed bugs)的傳播,在庇護所鋪床前可先把枕頭、床墊翻開看有沒有乳白色的卵或黑點狀的幼蟲,若不幸被床蝨叮咬請馬上進行所有衣物包含背包的清潔,通知庇護所防止「災情」擴散,並到藥局或醫院治療。個人的衛生習慣(例如不把外出的髒衣物和背包放床上)是防範蟲害最基本簡單的一環。

若想避開人潮,可選擇在9月中到10月進行朝聖之旅,此時路上商店、庇護所等設施幾乎都還有開放,較須注意的是早晚溫差變化大。

而冬春兩季,從11月到隔年3月,是多數私人或志工協會營運庇護所的休息季節,若有想拜訪的特殊景點或住處,建議出發前先查好冬季有無開放。以及行經高度超過1000公尺的山區,須特別注意冬季降雪、春季融雪、下雨造成路面濕滑泥濘等問題,一切以安全為優先。

冬末春初走北方之路,山區路段仍潮濕泥濘。

路上的食衣住行

食：四大路線除了原始之路和北方之路某些路段的沿途商店較少外，其他路線都不用擔心會餓肚子。通常早餐可在前一天小鎮上的雜貨店購買香蕉、麵包、巧克力、堅果、起司等，途中休息時席地野餐。也可以在經過小鎮的bar裡點些咖啡、熱三明治（bocadillo）、西班牙烘蛋（tortilla）。

午餐或晚餐可在庇護所自己煮或是在餐廳吃朝聖者套餐（Pilgrim's Menu），套餐含一份前菜、主餐（肉類加馬鈴薯）、甜點，以及紅酒加上麵包，價格約9到12歐元。

而加利西亞地區因鼓勵遊客在外消費，多數公立庇護所有廚房但沒有廚具，若是習慣自己煮飯的朝聖者，可挑選私人庇護所並在入住前先詢問有無相關設備。

衣：在西班牙內陸地區氣候較乾燥，手洗衣服通常一個下午就能曬乾，但是在加利西亞山區、原始之路和北方之路行經氣候較潮濕的區域，有時必須用烘衣機，通常洗衣機需3歐元、烘衣機2歐元。若在山區晾衣服，睡覺前請記得把衣服收進室內，避免凌晨霧氣的濕度影響衣物。

⬆ 熱三明治，通常夾肉、起士、火腿等。
↗ 朝聖者套餐的主餐牛排加上薯條。

⬆ 庇護所的曬衣空地。

住：朝聖者抵達出發地後，可到當地的大教堂／遊客中心／朝聖者辦公室購買辦理朝聖者護照（Credential，通常價錢為2到3歐元），之後憑此朝聖者護照入住路上的庇護所，庇護所的西文和葡萄牙文為albergue，法國境內則是refugio或是gite，一般的庇護所提供類似青年旅館般的簡單床位、衛浴設施，離法國越近物價越高，大約在20歐元左右。而西班牙境內則是5到12歐元即可解決一晚住宿。值得注意的是，公立庇護所多數不接受預訂，採先到先登記制。

　　行：朝聖之路上有九成的朝聖者是以步行方式前進，步行時約每500公尺或每個轉彎處皆可看見前往聖地牙哥的路標──黃色箭頭，若行走超過10分鐘，沒看到箭頭即有可能是迷路，可沿原路走回，或順著既定方向（如法國之路向西、葡萄牙之路向北）前進。朝聖者裝備、衣著明顯，通常一偏離原始路線，當地民眾多會熱情相助指路。

　　若遇到身體狀況無法繼續行走，可詢問店家能否幫忙叫計程車，30公里內的單日步行進度車資約25至35歐元，而鄰近大城鎮如布爾戈斯、萊昂可搭公共巴士，車資約2歐元。如果有遇到生病、雙腳不良於行的問題，建議就醫或休息1至2天。

北方之路上的公立庇護所。

貝羅拉多（Belorado）小鎮私立庇護所Cuatro Cantones午後的瑜伽課。

人車分流的指標。

朝聖模式

　　有些朝聖者在出發前會猶豫是否該獨行或找伴，基本上除了冬天人煙稀少有伴同行比較適當外，其他季節獨行是很自由且安全的，路途中有許多認識新朋友的機會，較困難的路段與他們一起行動也是結伴的好方法。近年來有旅行社推出相關的套裝行程，有車定時定點接送、安排旅客住宿和行李運輸等，因此想要選擇什麼模式，端看自己期望過哪一種朝聖生活。對我而言，我很享受事前的規畫、徒步中的隨性和經歷突發狀況的挑戰，所以並沒有找旅行社參加套裝行程。

↑ 葡萄牙之路難度適中，適合家庭中的各年齡層。

← 即使獨行也有不少朝聖者前後陪伴。

午休時間 Siesta

　　除了大城市外，西班牙小鎮的商店通常下午2點到5點左右不會開門營業，這段時間稱為Siesta。剛到西班牙時或許會不太習慣，不過這段時間對於朝聖者來說很適合休息，利用午休時間洗澡、洗衣服、寫日記、玩水、睡個午覺或跟朋友去小酌一番，等到天氣不熱以後再去逛街或覓食，因為有siesta，西班牙商店打烊的時間會比歐洲一般國家晚，相信不到一個禮拜朝聖者就可以適應這樣的作息和生活模式。

↓ 午休時間小鎮上的悠閒戲水時光。

自由樂捐 Donativo

　　Donativo用白話的方式翻譯就是「隨喜樂捐」，在朝聖路上時常會出現攤販或是庇護所用樂捐方式營運，有別於商業化的餐車或店家，這些donativo小站熱心地提供自家食物水果、飲料提供給路過的朝聖者補充體力，對於使用者而言這些東西沒有定價，樂捐以心意和個人能力為主。

　　通常這些小站會設置在較偏僻的地方，營運人士要自己載物資上山才能讓朝聖者舒適地享用資源，經濟來源也多是靠前人樂捐。因此在這條路上，「donativo」並不是免費，而是朝聖者只取自己所需、並且為了往後的朝聖者留下相對應的回饋，讓這些地方能繼續營運，也是這條路上很重要的精神之一。

↑ 庇護所、食物補給小站的樂捐箱，若有使用記得留下一些心意唷。

朝聖之路上的問候語

在這條路上，朝聖者出發時多會用西文「Buen Camino」來問候對方，翻作英文的話叫做「Good Way」，祝福朝聖者路途上行走順利開心，法語區的人會用「Bon Camino」，葡萄牙語用「Bom Caminho」（h不發音），都是相同的意思。

還有另外一個比較不那麼廣泛的用語叫做「Ultreia」。在12世紀的朝聖古卷《加里斯都手抄本》（*Codex Calixtinus*）中有一首Ultreia之歌，其中一句「Ultreia et Suseia, Deus adjuva nos!」意思即為「我們走得更遠，爬得更高，上帝幫助我們」。古老的典籍賦予這個拉丁文詞彙繼續前進、走得更遠的激勵用意，當朝聖者在路途中感到疲憊或沮喪時，就會吶喊著「Ultreia！」來互相加油打氣；另一層意涵則是當朝聖者抵達聖地牙哥時對著大教堂發出的讚嘆之詞，意思如同「我的天」、「Hallelujah」的喜悅和驚呼。

←↑ 路途上常會看到的問候語 Buen Camino和Ultreia。

認識床蟲

床蟲（bed bugs，又稱床蝨，西文chinches），現今朝聖之路上最令人聞風喪膽的生物。床蟲靠吸食恆溫動物的血液維生，最常躲在布織品裡，舉凡床單床墊、睡袋、朝聖者的衣物、背包或甚至搭乘巴士、火車、飛機的座椅，都很可能是床蟲旅行的一環。以下是相關的知識與處理方式：

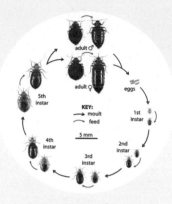

床蟲的生命周期。照片提供：床蟲基金會，© Bed Bug Foundation，攝影：Dr. Richard Naylor。

◆ **床蟲特性**：床蟲的生命力非常驚人，就算不進食也可以存活一年，因此不管在哪個季節都很可能遇上，夏季因為朝聖者眾多加速床蟲的傳播，冬季儘管人較少，不代表不會遇到，因為床蟲在低於16℃時會呈現半休眠狀態，甚至在缺氧情況下仍能存活好幾天，等待最佳時機進食。

床蟲通常在夜間出現，白天則躲在陰暗的地方例如床墊下、睡袋和背包裡，由於床蟲體積非常小，甚至可以跟紙張或信用卡一樣薄、跟黑胡椒顆粒一樣小，因此很可能鑽進背包拉鍊、內衣襯墊，一般人很難馬上察覺。建議在庇護所入住時，將床墊掀開來看有無黑色的痕跡。夜晚睡覺時若感覺到叮咬可立即用頭燈或手電筒照床鋪，床蟲畏光的特性會讓他們突然停止前進。一旦發現床蟲，請盡速跟庇護所老闆通報，避免災情蔓延擴散。

◆ **如何判斷被床蟲咬**：每個人因體質不同對於床蟲的初期反應也不盡相同，甚至有些人被床蟲咬過多次但每次反應都不一樣。以我的經驗而言，剛開始身上出現許多如蚊子叮的腫包，但並不如網路上床蟲咬痕的圖片呈深紅色，因此錯過第一時間預防的時機。原則上床蟲的初期咬痕通常在上肢，沿著人體靠在床上的地方，例如脖子、肩膀、背部、手臂這幾個部位，直到床蟲鑽進睡袋後，就會開始叮咬人的下半身。

◆ **如何分辨野外不同種類的叮咬**：跳蚤多是咬下半身，除非朝聖者躺在草地上，否則叮咬的高度不會超過小腿肚，且因跳蚤是用跳的方式移動，叮咬的痕跡呈不規則排列；而蚊子吸完血就飛走，所以通常身上單次只會留下一個咬痕或腫包；如果在野外被蜜蜂蜇也會感到紅腫和癢，不過咬痕上會有一個如針孔般的凹陷處，最為容易辨識。而床蟲判斷方法則是看咬痕是否呈現連續排列，因為他們是用爬行的方式移動，因此同一面積若出現連續的紅腫，就要開始注意是否為床蟲叮咬，如果對於出現類似症狀但內心有疑問的話，建議向庇護所老闆詢問。小鎮的藥局員工有時經驗不足，加上初期反應不明顯，很容易誤判成蚊子叮咬，然而庇護所老闆和志工幾乎都走過朝聖之路，加上私人庇護所致力維護清潔和商譽，在床蟲議題方面多會非常慎重看待。

◆ **過敏反應**：床蟲的過敏反應依照每個人的體質而有所不同。一般而言，被咬後的5到6小時、乃至於2到3天才會開始出現紅腫或是奇癢無比的過敏反應。許多朝聖者在夜裡被咬，但一直到中午行走時才看到腫包或是想抓癢，都會直覺認為是被蚊子叮，此種誤判也很容易帶著床蟲一直旅行，造成災情擴散。

◆ **被咬後該怎麼做**：當發現類似咬痕時，請在入住前告知庇護所，多數庇護所會非常謹

慎地協助處理，例如提供一套乾淨衣服、毛毯，並把所有個人物品都留在外面準備全部清潔。

第一：朝聖者進入房間前需先全身洗淨，洗完後著庇護所提供的服裝，不要帶自己的布類製品進房間。

第二：將個人物品分為1. 不可機洗的雜物（如紙張、錢包、藥品）；2. 衣服、睡袋等可機洗的所有布品；3. 背包（建議將所有拉鍊打開，縫隙、隔層都噴藥）以上三類進行清潔。

第1和3類各自噴藥後放置在大型黑色塑膠袋裡，在大太陽下曬一整天；第2類衣物要用機器高溫洗淨加烘乾，建議衣物與睡袋分開洗，以避免滾筒式機器洗太多東西時有死角，床蟲會躲在衣物或睡袋深處。

床蟲對於殺蟲劑有抗藥性，而能殺死床蟲的藥劑多數含有DDT，為避免溫室效應被多國禁用，因此目前最有效的殺蟲方式是極高溫（50℃以上）和極低溫（-32℃以下），法國之路上某些裝備齊全的私人庇護所有大型高溫機器可以洗背包或是將背包冰在大冰庫裡至少兩天，建議有相關困擾的朝聖者在入住時直接向住處老闆求助，也可避免災情蔓延。

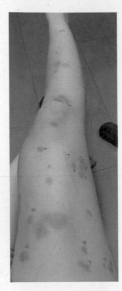

一週遇到三次床蟲襲擊，整隻腳充滿咬痕。

第三：當全身奇癢無比時，可擦類固醇藥膏（Betametasona crema），或是口服類固醇（Prednisolone 5mg）、抗組織胺等藥品降低痛苦程度。

第四：密切觀察全身有無出現新的過敏反應，若又有新反應則必須重複以上清潔程序，觀察期建議抓四到五天。

◆ **如何預防**：床蟲細小呈深褐色，若穿著淺色衣物、衣服縫隙較小的織品，較容易發現或預防。在入住庇護所時，可將床墊掀開看底下或邊角有沒有類似床蟲糞便的黑色斑點，法國之路上有不少地方已換成塑膠布的床墊，較能防止床蟲鑽入。而睡覺前噴驅蟲噴霧，或是茶樹、尤加利樹、苦楝油精油，可產生些許遏止效果。另外最重要的就是個人清潔習慣，例如不要將背包放在床上，以及洗完澡後再躺上床，並且定期清潔睡袋和衣物等，都是能有效預防的措施。

遇到床蟲最重要的就是全身徹底清潔，布類製品放黑袋子噴藥曬一段時間再高溫機洗，非布類產品放在大太陽下曝曬。

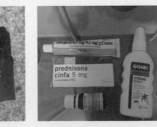

被床蟲咬後止癢的類固醇藥膏、類固醇口服藥，預防的噴霧及茶樹精油，以上東西皆可在西班牙的藥局買到。

被床蟲肆虐過的床墊，照片提供：床蟲基金會，© Bed Bug Foundation，攝影：Dr. Richard Naylor。

CAMINO FRANCÉS

〔全程〕779km〔天數〕官方指南建議至少32天

SANTIAGO DE COMPOSTELA
星野聖地牙哥

ARZÚA
阿蘇亞

SARRIA
薩利亞

PORTOMARIN
波多馬林

O CEBREIRO
歐賽伯雷洛

PONFERRADA
龐賽拉達

ASTORGA
阿斯托加

HOSPITAL DE ORBIGO
奧爾比戈的搞和醫院村

LÉON
萊昂

SAHAGÚN
薩阿貢

GALICIA
加利西亞

CASTILL
卡斯

PART 3 法國之路

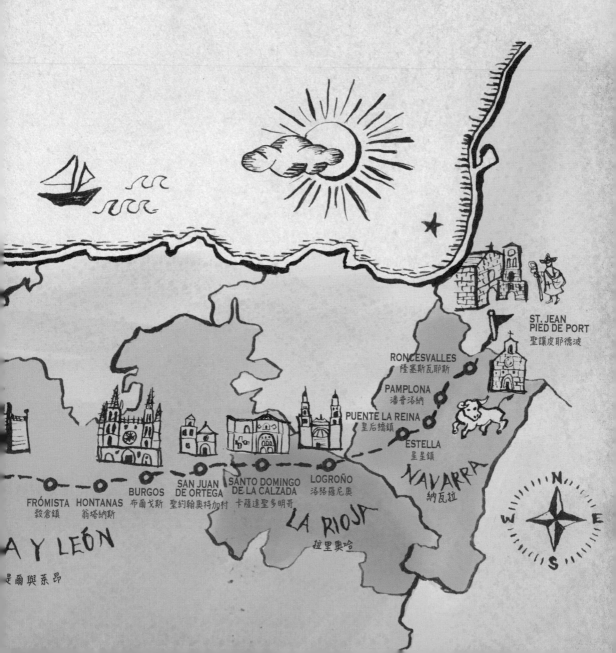

ST. JEAN
PIED DE PORT
聖謙皮耶德波

RONCESVALLES
隆塞斯瓦耶斯

PAMPLONA
潘普洛納

PUENTE LA REINA
皇后橋鎮

ESTELLA
星星鎮

NAVARRA
納瓦拉

FRÓMISTA
穀倉鎮

HONTANAS
翁塔納斯

BURGOS
布爾戈斯

SAN JUAN
DE ORTEGA
聖約翰奧特加村

SANTO DOMINGO
DE LA CALZADA
卡薩達聖多明哥

LOGROÑO
洛格羅尼奧

LA RIOJA
拉里奧哈

A Y LEÓN
是爾與萊昂

概要 法國之路是西班牙聖雅各之路眾多路線中最熱門的選項。根據聖地牙哥朝聖者辦公室的統計，完成朝聖並領取證書者，有將近六成的人選擇法國之路，其中又以距離聖地牙哥最接近100公里的城市薩利亞（Sarria）出發人數最多。

如果不提行走天數較短的觀光朝聖，多數進行法國之路的人會選擇從南法邊境小鎮聖讓皮耶德波（Saint Jean Pied de Port，簡稱SJPP）開始，經過庇里牛斯山來到西班牙境內。這不只代表著走朝聖之路最困難的體能關卡，還有中世紀朝聖者從歐洲各個國家千里跋涉跨過高山，為了在遙遠的西邊看一眼聖雅各遺骨的精神傳承。

法國之路沿途商店、庇護所資源密集，路上也有公共飲水設備，不需要擔心肚子餓、沒地方住的問題，若在旺季庇護所床位不足也可再行至下一城鎮。對於剛踏進朝聖世界的人來說，是一條很好入門的路線。

⇩ 法國之路上行經的四大區域：納瓦拉地區不少上下坡，就連在小鎮也不例外。
✎ 經過拉里奧哈地區時沿途結實累累的葡萄園。

行經區域　法國之路涵蓋西班牙北部多個區域，如巴斯克語區的納瓦拉地區（Navarra）、葡萄酒產地的拉里奧哈地區（La Rioja）、風景壯麗的梅塞塔高原卡斯提爾與萊昂地區（Castille y León），其中包含了布爾戈斯（Burgos）、帕倫西亞（Palencia）、萊昂三個省分，以及最後的加利西亞自治區（Galicia）。

適合季節　春夏秋皆宜，有些庇護所冬季不開放。冬春兩季須特別注意山區健行是否安全。庇里牛斯山到隆塞斯瓦耶斯（Roncesvalles）這段在11月到3月是封山季節，請依照SJPP朝聖者辦公室建議行走替代方案瓦卡洛斯路線（Valcarlos route）。

　　旅程後段進入加利西亞山區的歐賽伯雷洛（O Cebreiro），平時就容易下大風雨，到了冬季氣候不佳，即便到了4月都仍有可能下大雪，可從龐費拉達（Ponferrada）之後走冬季之路（Camino de Invierno）替代。

⇩ 卡斯提爾與萊昂地區的梅塞塔高原，風景遼闊壯麗但對內心卻是煎熬。
✎ 進入加利西亞地區則是在翠綠的森林間漫步。

潘普洛納之後的寬恕山峰（Alto de Perdón），是法國之路上的著名景點。

→

上 路 的 原 因

　　一個初夏悶熱的早晨，我翻開勞倫斯·卜洛克《八百萬種走法：一個小說家的步行人生》，一本講述美國小說家參加各種路跑和健走的書籍。當時的我熱愛參加海外馬拉松，好奇文學家筆觸如何描述這些運動，順便透過閱讀學習寫作。在讀到當中關於聖雅各之路的章節以後，我才得知竟然有一種旅行模式，靠雙腳移動一個月，沿途有住宿、有指標、有風景、有古蹟。頓時之間忘了要跟作家學習增進寫作技巧，反而立刻上網搜尋起了「西班牙聖雅各朝聖之路」。

　　第一個映入眼簾的照片，是梅塞塔高原上人煙罕至、遼闊又蒼涼的景色。隻身一人走在無邊無際的鄉野間，地平線無止盡的向前延伸，乾枯的稻草彷彿汪洋，朝聖者孤身行走於蠟黃色的波浪之中。我開始想像，這會是一趟極度浪漫的流浪之旅。

仔細想想，這一切也不至於是流浪，途中不需擔心餐風露宿，沿著黃色箭頭也不用害怕迷路，你可以把這數百公里的距離僅僅看作是一項長征挑戰，也可以換個角度想，朝聖者是在藉由雙腳徒步一個月的過程，看遍大地萬物，沉澱心靈的雜念，藉由自我對話整理腦中平時忽略的思緒等。

　　「你為什麼來走朝聖之路？」絕對是在這條路上和新朋友展開對話、加深認識最好的開場白。我很難去跟別人解釋勞倫斯·卜洛克的書，因為說實話這本書並沒有大肆讚揚朝聖之旅，也沒有歸納出走完後能得到心靈昇華的結論。作者在1990年代時上路，當時的美國人在歐洲旅行，沒有手機、沒有行動網路，可說是真正的與世隔絕，以現今社會而言，那種原始的方式似乎已經失去了參考價值。在美國電影《朝聖之路》（The Way）、德國電影《我出去一下》，反而能看到朝聖之路行走過程的樣貌，也是近年朝聖者心中的經典。電影或多或少把這條路定調為：活出自我、探索人生、療癒心靈、思考信仰和哲理等，朝聖者踏上聖雅各之路，彷彿是在研究這項學科，各自選擇想鑽研的領域並且前進。

　　不管眾多朝聖者是看了哪本書、哪部電影，或從哪個管道得知朝聖之路，想必這條路一定深深觸中他們的內心，才會選擇實際出發。第一次走法國之路時，我帶著壯遊的興奮，突破自我的野心，認為自己一定會在這種另類的長途旅遊中得到些靈感，因而來到法西邊境小鎮聖讓皮耶德波。

「我是誰?」

「我在這裡做什麼?我為何而來?」

「我想得到什麼?」

行走過程中,我時常反問自己這些問題,回想著選擇上路的初衷。

一開始只是想進行低成本旅行,或是在歐洲long stay,儘管不確定能否得到實際的收穫,也明白花掉這些存款對物質生活享受不會帶來幫助,但不知道什麼原因,我內心非常渴望進行這趟將近800公里的徒步旅程,或許這條路是避世的桃花源,或是讓身體健康的瘦身中心。沒走過怎能下定論呢?那麼,我就出去一下,一個月後再回來。

🔺 在黃色箭頭的指引下前進，不需要擔心迷路。
🔻 抵達起點南法小鎮聖讓皮耶德波（簡稱SJPP），準備隔日出發。

🔺 在炙熱無遮蔽的高原下前行，當下覺得折磨和煎熬，卻是日後特別想念的風景。

→

庇里牛斯山
SJPP-Roncesvalles

　　庇里牛斯山，對亞洲人來說是一個遙遠陌生的地理名詞，想不到居然可以在法國之路的第一天碰上，這段山路可以說是朝聖者途中會面臨的第一項大挑戰。

　　所謂的庇里牛斯山其實是一系列高低相連的山脈所組成的山系，從西至東全長約430公里，成為法西兩國的天然邊界。庇里牛斯群峰海拔超過3000公尺的高山有126座，而我們走的法國之路則是從山腳的南法邊境小鎮聖讓皮耶德波（簡稱SJPP）為起點，步行至高度1430公尺的雷波德山頭（Collado de Lepoeder），再下山至隆塞斯瓦耶斯（Roncesvalles，巴斯克語Orreaga，海拔高度900公尺），若在良好的天氣下健行，這段路程登山難度並不算高。

不過《朝聖之路》中，男主角的兒子才踏上朝聖之路的第一天就在山區遇難，這樣的電影情節並不是單純為了製造戲劇效果，身為登山客或朝聖者應該要隨時注意天氣的變化，聽取當地人或朝聖者辦公室的建議路線前進，因為每年都有類似案例：朝聖者不顧封山情況下硬闖原始路線，反而在山裡迷路導致失溫昏迷甚至死亡，或者是山區霧氣太重能見度低，朝聖者失足受傷等等。這些都是春、冬季天氣不穩定下很容易發生的意外，在此提醒朝聖者衡量自身和天候狀況，海拔1430公尺對於在台灣登山爬百岳的健行者而言聽起來或許不難，但如果是在冬季或是氣候不佳的狀況下，山區的變化是非常劇烈快速的，請依從指示走坡度較平緩的替代方案瓦卡洛斯路線。

　　而夏季則是行走原始的拿破崙路線（Napoleón route），這段從起點海拔200公尺上升至1400公尺，再下降至高度900公尺的隆塞斯瓦耶斯，全長距離24公里，約需步行7至9小時。我在夏季8月底出發，一個適合感受庇里牛斯山區之美的季節。早晨的雲海、放牧的羊群、山毛櫸森林、涼爽的天氣等，對朝聖者而言是個完美的開始，或許是因為做好這段路程最為困難的心理準備，加上充滿著剛上路的興奮和新鮮感，第一天的山區健行令人感到愉悅。

　　隆塞斯瓦耶斯作為山谷的隘口，在歷史上曾發生過幾場著名的戰役。其一是西元778年時法國加洛林王朝的查理曼大帝，曾進攻伊比利半島與摩爾人打仗，在達成停戰協議後，這支法蘭克軍隊準備撤退回到家鄉。離開前查理曼大

帝為了進一步控制巴斯克地區（當時稱為Vasconia），防止他們與摩爾人合作，便拆了潘普洛納（Pamplona）的城牆，此舉引發巴斯克人的不滿，便在隆塞斯瓦耶斯附近的山區埋伏襲擊法蘭克軍隊，這使得不熟悉山區的查理曼軍隊敗戰，也損失了一名大將：羅蘭騎士。11世紀開始流行的《羅蘭之歌》（*La Chanson de Roland*），就是描述這場戰役中羅蘭英勇抵抗奮戰到底的精神，其內容美化成羅蘭騎士在山中對抗摩爾人軍隊，千古傳承成為法語文學中古老又珍貴的文化遺產。

另一場則是1813年由法國拿破崙領軍的半島戰爭（1808至14年，西班牙稱為獨立戰爭），初期因拿破崙想打擊英國國力，禁止歐洲國家讓英國船隻停留或進行貿易，藉口葡萄牙違反此規定順勢出兵進攻伊比利半島，西班牙人民對拿破崙多年介入皇室繼承有所不滿，因此形成英、葡、西對抗法軍的戰爭。

← ↑ 上山後的雲海景觀。

第一天的山區健行坡度起伏大，
卻能飽覽庇里牛斯山系風光。

在隆塞斯瓦耶斯這場戰役中，由英國的威靈頓將軍領軍，攻下法國進入西班牙的門戶潘普洛納和聖塞巴斯提安（San Sebastían），然而兵力調度不佳，在往前推進庇里牛斯山區時慘遭法國軍隊襲擊，加上山區濃霧使英方難以作戰，只能撤退回潘普洛納。雖然在這場會戰中威靈頓將軍吃下敗仗，不過隔年還是打贏法軍，結束了半島戰爭。

抵達第一天的小鎮隆塞斯瓦耶斯。

山腳下美麗的巴斯克風情建築。

潘普洛納、
海明威與奔牛節

　　從SJPP出發後，通常會在第三天時進入法國之路上的第一個西班牙大城市——潘普洛納（Pamplona）。這座城市因美國文學家海明威1926年的作品《太陽依舊升起》（*The Sun Also Rises*）書中描繪奔牛節全城沸騰的場景以及鬥牛場上的生動實況，而讓潘普洛納的聖費爾明節（Fiesta de San Fermín，也就是奔牛節）在國際旅遊市場上聲名大噪。這個節日源自於12世紀，紀念城市的守護聖人：聖費爾明。聖費爾明年輕時到現今法國土魯斯（Toulouse）地區幫忙當地主教的傳教工作，據說後來成為潘普洛納的第一任主教[2]並在三天內替四萬名異教徒受洗，後於西元303年在法國亞眠（Amiens）殉教去世。當時殉教的人會被綁在公牛腳上任由公牛拖行至死，雖然聖費爾明是因為被斬首而非受公牛酷刑，不過幾百年的文化演變下來，如今的節慶已與公牛緊密結合。

　　在《太陽依舊升起》中，海明威勾勒出所謂「迷惘的一代」（Lost Generation）的生活樣貌以及人生觀：第一次世界大戰結束的經濟衰退尚未復甦，對於未來的不確定性極高，不管是為情所苦的男女、賣弄軍官頭銜的落難貴族，或是被戰爭打斷事業的不得志青年，在夜晚都進行著相同的消遣：喝個爛醉。潘普洛納鬥牛場上的激情似乎也映照著這一代人對於人生的熱情或不安需要在某處發洩，書中提到「aficion」代表著對某些事物的激情，而

2　歷史上可追溯潘普洛納與主教有關的記載要到6世紀以後
　　才有，不過聖費爾明的傳說還是受到納瓦拉王國的重視。

納瓦拉博物館由16世紀的朝聖者醫院改建而成，收藏當地考古文物和藝術。照片提供：納瓦拉旅遊局，© Tourist Marketing Service of the Government of Navarra，攝影：J. L Larrion。

巴洛克式建築的市政廳以新古典主義的人物雕像作為裝飾。

「aficionado」更是進一步地象徵對鬥牛滿懷激情的人（例如遠道而來觀看或參加鬥牛賽的人），面對對鬥牛帶來的危險無所畏懼，赴鬥牛場形同赴沙場生死未卜，只有具備真正激情的人才能贏得滿場喝采和尊敬。然而書上另外提到放出公牛前會在柵欄裡安排「犍牛」（被閹割過，較為溫馴的牛）讓公牛追著犍牛跑，進而引發好鬥本能，讓現代的我因為閱讀這份殘酷的運動而流淚。

徒步朝聖讓人心靈沉澱，雖然會因走進大城市而興奮，或者因複雜巷弄和擁擠人潮而驚恐退縮，情緒歷經高低起伏，不過離開城市後一切又會再度恢復平靜。光是「維持內心的穩定狀態」這點就讓我難以想像當上萬名遊客同一時間擠進潘普洛納觀看鬥牛或跟著奔牛的場景。2014年台灣發生「阿河事件」，讓我重新思考所謂商業利益與動物權益之間的關係，決定不看任何動物表演，出國觀光時不騎動物代步。

或許為了奔牛節而來的觀光客和將鬥牛視為西班牙國粹的「aficionado」仍然充滿著熱情，節慶名聲比海明威當年更加響亮，使得活動期間潘普洛納就算旅館價格飆漲仍然一床難求。況且就算不鬥牛，城內還是有精采的遊行、狂歡派對可以參加。幸運的是我在非節慶期間拜訪潘普洛納，住宿不成問題，街上充滿生氣卻不過於擁擠，狹小的巷弄有著歐洲舊城區的美麗街景。

🔹 海明威小說多次提到的伊魯娜咖啡館，現今也擺放著大作家的紀念雕像。

造訪海明威小說中時常提到的重要場景伊魯娜咖啡，不少人慕名而來，餐廳高朋滿座，彷彿可以體驗到伍迪‧艾倫的電影《午夜巴黎》中的絕代風華。

　　離開潘普洛納，昨日的熱鬧城市彷彿是一場夢。夢醒了開始思考一些課題，諸如旅遊的價值觀、人生的幸福，或是生活的欲望與需求。21世紀，就算我們面臨更多問題，例如氣候變遷、環境污染、社會正義等等，使我們依舊看不見未來，變成「迷惘的新一代」，但說不定有一天，我們的興奮、享樂、血脈賁張不需建立在動物的痛苦之上，就像潘普洛納舊城區的狹窄街道，不用靠牛隻奮力奔跑前進，不需人群推擠，也能靜靜地散發出她的獨特魅力。

↓ 聖費爾明節慶的熱鬧畫面。照片提供：納瓦拉旅遊局，© Tourist Marketing Service of the Government of Navarra。

皇后橋鎮
Puente La Reina / Gares

　　皇后橋鎮自古以來就是多條朝聖路線的交會之處，行經的朝聖者眾多。11世紀時，納瓦拉王國的皇后得知當時的朝聖者為了渡河時常受到船夫敲詐，下令興建這座橋樑，幫助朝聖者能順利平安往來，因此這座美麗的古橋便稱為「皇后橋」。

　　皇后橋鎮充滿美麗中古世紀小鎮的氛圍，不管是腳下的石子路、河岸邊古老的房子或是細緻小巧的城門，都值得朝聖者漫步其中。在這座110公尺的羅馬式大橋下，遊客在一旁歇息戲水，等待日落時欣賞夕陽，即是朝聖生活的美好片刻。

↓ 古橋前的舊城區風光。

行有餘力的朝聖者，不妨在即將抵達皇后橋鎮前4公里的穆魯薩瓦爾（Muruzábal）村莊，向左轉進行小小的繞路，參觀一座佇立在平原上的聖母馬利亞尤納特教堂（Iglesia de Sta. Maria de Eunate）。這是一個奇特的八邊形建築，教堂外有連續的拱門圍繞，Eunate的古語Euskera是一百道門的意思，或許表達著這座聖母教堂被許多門圍繞的概念。

　　這座12世紀的羅曼式建築因缺乏歷史文獻資料，相關起源有幾種不同的說法，有一說法是教堂的建設是八角形，而數字八正好與聖殿或聖約翰騎士團有關；另一說法則是為當時皇后（Doña Sancha）舉辦葬禮所興建；還有一說是中世紀時由當地的兄弟會所組成營運，雖然兄弟會在19世紀時一度終止，不過到了1997年後再度復甦，每年5月的最後一個週六會在此舉行儀式。

↑ 皇后橋鎮上迷人的巷弄。

↑ 達聖母馬利亞尤納特教堂是特殊的八邊形建築，有拱門圍繞。

↑ 這座特別的教堂在草原上寧靜地佇立著。

聖母馬利亞尤納特教堂

$ 遊客1.5歐元，朝聖者1歐元

⏰ 夏季7/15至8月底10am–8pm，集中在3月中至10月，11、12月只開放少數三天

🌐 http://santamariadeeunate.es/

星星鎮
Estella／Lizarra

星星鎮沿著埃加河畔（río Ega）和胡拉山腳（Montejurra）建造，是一座典雅精緻的中古世紀小鎮。當地舊名是巴斯克語的Lizarra，原本意思是灰燼，不過在11世紀晚期因應日漸增加的朝聖者通行，此地從普通小鄉村轉變為繁榮城鎮。

↓→ 星星鎮的街道與古城風景。

↑ 8月初鎮上正在舉辦節慶活動。

✳ 薄儀聖母教堂
Basílica de Nuestra Señora del Puy

薄儀聖母教堂

$ 免費 ⏰ 9am-6pm

　　星星鎮的名稱起源於1085年當地牧羊人從山腳下突然看到遠方的星相異常，沿著星星的路線爬上山頭後竟然在洞穴裡發現一座聖母像，於是當時的桑丘國王（Sancho Ramirez）便下令在山上建造一座小型聖母教堂。

　　無獨有偶地當時法蘭克商人常常聚集在這個平地小鄉村，想盡辦法希望吸引朝聖者在渡過埃加河抵達下個修道院之前能經過Lizarra。所以當桑丘國王建造教堂並將此地稱為星星鎮後，朝聖者慕神蹟之名相繼而來，開創了小鎮的繁榮。Puy在法文裡代表著山，所謂薄儀聖母教堂就是山上的聖母教堂，足以見得這裡對當時法蘭克商人的重要性。

　　現今的教堂是20世紀的新建築，存放著14世紀的薄儀聖母像。聖母教堂不在目前朝聖路線上，需沿著山頭步行約1公里，登高後可以俯瞰整個星星鎮景觀，若朝聖者行有餘力的話非常值得到此參觀。

⬇ 位於小山坡上的薄儀聖母教堂。

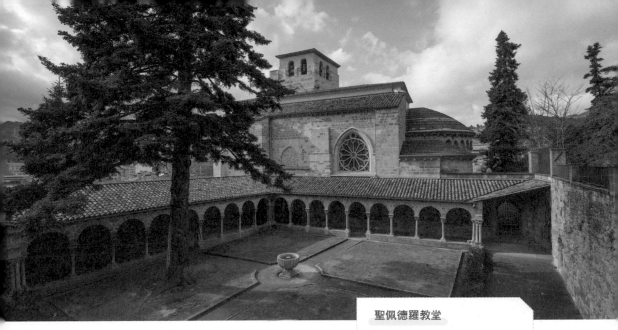

✳ 聖佩德羅教堂
Iglesia de San Pedro de la Rúa

聖佩德羅教堂

$ 免費

🕐 週一至週六10am−1.30pm及
6pm−7pm；週日10am−12.30pm

　　從小鎮中心的聖馬丁廣場（Plaza de San Martin）可看見一座16世紀的文藝復興式噴泉（Fuente de los Chorros），沿著廣場對面高聳的階梯上樓，即可抵達13世紀興建的聖佩德羅教堂，最特別之處在於其中庭和羅馬式的拱廊，在荷蘭作家賽斯・諾特博姆的《西班牙星光之路》中曾提過希洛斯聖多明哥修道院（Santo Domingo de Silos）有一種特殊的建築：迴廊邊的羅馬式圓柱三根交錯排列，彎曲結合成一根大柱，和諧地達到某種奇妙的平衡，這種支撐工法其實平時並不常見 。雖然希洛斯修道院不在此次徒步朝聖路線上，但幸運的是我們在星星鎮的聖佩德羅教堂也能看見此種奇特的建築呈現方式。

← ↑ 教堂景觀以及柱子的特殊設計，達到奇妙的平衡。照片提供：納瓦拉旅遊局，© Tourist Marketing Service of the Government of Navarra。

伊拉切酒泉
Fuente del Vino

　　從星星鎮步行大約2公里後，會看見一處鐵欄杆圍著的空地，在這裡有一座飲水設備，打開水龍頭一邊是水，另一邊則是紅酒，可以說是上路之初最吸引人的景點！朝聖者在納瓦拉地區行走時會經過許多葡萄產區或酒莊，而這座酒泉就是由附近的伊拉切酒莊（Bodegas Irache）提供。

　　若有時間也可到旁邊的伊拉切修道院（Monasterio de Irache）參觀，大約10年前，當地有意將修道院古蹟規畫成高級的國營旅館（parador），不過目前尚未有更進一步消息。

↓ 從遠方即可看見修道院及酒莊的建築。

有關此地最早的文獻紀錄可追溯至958年，到了11世紀中期這裡興建納瓦拉王國第一座朝聖者醫院，12世紀後周遭又陸續興建了教堂。跟這座修道院有關的傳說，當修道院長聖維雷蒙多（San Veremundo）還是個年輕修士時，常常把修道院的食物藏在衣服內拿去救濟窮人，引來修道院其他弟兄責備並試圖掀開他的衣服逮個正著，只不過眼前看到的竟然都是鮮花和木柴而不是食物，這樣的神蹟讓聖維雷蒙多當上院長後，持續慷慨大方地照顧往來的清貧朝聖者，贈與他們紅酒與麵包。而伊拉切酒莊也繼承了這項傳統，為今日的朝聖者提供這座酒泉與特別的回憶。

↑↓ 現由酒莊提供給路過朝聖者的酒泉，也是法國之路上的特色景點之一。

伊拉切酒泉

🕐 8am–8pm

🌐 https://www.irache.com/es/enoturismo/fuente-del-vino.html，可以看到酒泉的實況轉播

← 酒泉旁的修道院，2019年8月拜訪時正在進行工程。

洛格羅尼奧
Logroño

　　離開納瓦拉地區，踏入拉里奧哈後的第一個重要城市：洛格羅尼奧（Logroño）。 羅馬時期就已在此地附近區域建城，到了中世紀因為處在兩個天主教王國邊界，成為卡斯提爾和納瓦拉王國領土擴張的必爭之地。

　　位於今日洛格羅尼奧南方15公里的克拉維霍（Clavijo）小鎮，有一座位於陡峭山壁上的城堡，傳說這裡就是西元844年發生克拉維霍戰役的地方，這場天主教與伊斯蘭教軍隊的戰爭中，因帶領作戰的國王夢見聖雅各告知信徒將會贏得戰役，而隔天軍隊也看見聖雅各持寶劍騎白馬顯靈，因此使得聖雅各成為對抗摩爾人的精神象徵和軍隊的守護聖人。雖然史學家認為這場戰役的真實性有待商榷，不過對於史詩般浩大漫長的西班牙收復失地運動而言，這場戰役可說是扭轉劣勢以及加深天主教徒信仰的關鍵。

← 位於近郊克拉維霍小鎮山壁上的古堡。照片提供：拉里奧哈旅遊局，© La Rioja Turismo。

→ 洛格羅尼奧大教堂外觀。

回到洛格羅尼奧市區，這裡有一座古老的城牆（El Cubo de Revellin），源自12世紀的防禦系統，16世紀成為卡洛斯一世對抗法國軍隊的軍事設施。若對當地的歷史文物有興趣，則可走訪一趟拉里奧哈博物館（Museo de La Rioja），欣賞各時期不同的文物典藏。

而拉里奧哈地區是西班牙紅酒的重要產地，因此在洛格羅尼奧夜晚絕對不能錯過的就是在Calle Laurel和Calle San Juan兩條街喝酒，享用小吃。西班牙小吃Tapas或是北方巴斯克地區用竹籤串成的Pinchos（巴斯克語Pintxos），一開始是蓋住酒杯不讓蒼蠅飛進酒裡的麵包，或是避免空腹飲酒前的墊胃小食，如此的文化延伸發展至今成了西班牙的美酒美食文化。許多當地人會在傍晚時和朋友到酒吧喝酒聊天，吃點東西，回到家再與家人共進晚餐。

拉里奧哈博物館外觀。

拉里奧哈博物館
- ⑤ 免費
- ⏰ 週二至六10am–2pm及4pm–9pm；
  週日10am–2pm；
- ㊑ 週一

↓ 洛格羅尼奧的酒吧集中在Calle Laurel和Calle San Juan這兩條街道，從傍晚到入夜都非常熱鬧。

進階朝聖之旅：聖米揚修道院
San Millán de la Cogolla

前往卡薩達聖多明哥（Santo Domingo de la Calzada）的當天，朝聖者行有餘力可進行一場文化深度之旅，從納赫拉（Nájera）步行16公里或搭乘公車（車次一天一班）前往山谷中的聖米揚修道院。若從阿索夫拉（Azofra，納赫拉之後6公里的小鎮）出發，則距離修道院14公里。朝聖者若在前兩天的大城市洛格羅尼奧多停點一些時間，也可從當地搭乘巴士往返。

聖米揚修道院所在的村莊目前沒有朝聖者的專門庇護所，住宿方面可選擇修道院改建而成的高級旅館、附近的平價民宿（建議事先預訂）或是參觀結束之後請遊客詢問中心的工作人員幫忙打電話預訂計程車，搭車回到朝聖路線上的小鎮。

群山之間的聖米揚修道院，景色非常優美。

上方修道院，規模較小，外觀建築較樸實。

摩斯阿拉伯（Mozárabe）：泛指在回教統治下的天主教徒，仍保有基督教信仰，不過在文化上逐漸受到伊斯蘭影響或是同化。摩斯阿拉伯風格的藝術（Arte mozárabe）則是自9世紀至11世紀初，西班牙的教堂融入阿拉伯文化的建築，例如馬蹄拱的藝術風格，形成早期西方與東方文化融合。穆德哈爾式藝術（Arte mudéjar），則是後來12到16世紀天主教從伊斯蘭教徒手中收復失地後，將原本伊斯蘭風格的建築再加入天主教元素的文化融合。

若是步行前往，從納赫拉出發的前9公里為森林和公路（LR113+LR205，黃色箭頭稀少，不過路線筆直搭配GPS不易迷路），後7公里會有三個小鎮可補給飲食，沿途多是柏油路面，走在公路上務必小心注意來車。離開修道院回到朝聖路線則是沿LR206會合LR204走12公里回到法國之路上的西魯埃尼亞小鎮（Cirueña），再繼續走7公里抵達卡薩達聖多明哥。

聖米揚有兩座修道院，一個是Monasterio de San Millán de Suso（Suso源自拉丁文sursum，意為上方），另一個是Monasterio de San Millán de Yuso（Yuso為下方）兩者相距約1公里，兩處有接駁小巴士往返。較古老的是上方Suso修道院，始於西哥特人信仰天主教時期，修士聖米揚（Saint Emilianus, 473-574）在此處的洞穴裡隱修，101歲高齡去世後，弟子把其遺骨存放在山洞中。在歷史悠久的上方修道院可看見不同時期的建築，例如6到7世紀時是基礎的西哥德式修道院，到了10世紀，這裡增加了摩斯阿拉伯風格的馬蹄形拱門和圖案排列裝飾，11世紀時又增加了仿羅馬式的建築樣式等。

下方修道院則是在11世紀時擴建，有一個傳說是當時國王下令要把聖米揚遺骨轉移到納赫拉的修道院（Monasterio de Santa María La Real）時，拖著聖人屍骨的牛車走到山下的半路上就不動了，彷彿是聖人不想離開此地。於是國王下令在此也建造一座修道院，因此名為下方修道院（Yuso）。從大門進入下方修道院會看見幾幅聖米揚騎白馬作戰的油畫，其緣由來自傳說中聖米揚如同聖

雅各出現在西元939年的希曼卡斯戰役（Ballata de Simancas）幫助天主教軍隊打贏摩爾人。

　　而現今的聖米揚修道院最重要的文化成就，莫過於保存著11世紀卡斯提亞語的手抄本（卡斯提亞語是現今西班牙語的起源）。中世紀的古籍都是以拉丁語寫作而成，文字較為艱深。在修道院約1040年古書《Glosas Emilianenses》的拉丁文語句旁，出現了較口語化的卡斯提亞語註解，推測是由當時修道院的人將之翻譯為易懂的文句。除此之外，古書上也有著巴斯克語的註解，這在多數拉丁文古籍中獨樹一幟，成為西班牙非常重要的文化資產。

↑ 上方修道院中摩斯阿拉伯式的拱門。

← 下方修道院規模大上許多，是中世紀重要的學術殿堂。

上方修道院

$ 4歐元，全程導覽約40分鐘

🕐 9.30am–1.30pm及3.30pm–6.30pm（冬季5.30pm結束），參觀前須以英文或西文電洽+34 941 373 082預約到訪時段，並於30分鐘前抵達遊客中心購票，按照指定時間從遊客接待處搭乘接駁巴士。

下方修道院

$ 遊客7歐元，朝聖者4歐元，全程導覽約50分鐘

🕐 夏季10am–1.30pm及4pm–6.30pm；冬季10am–1pm及3.30pm–5.30pm

休 週日下午、週一全天、1/1、1/5、1/6、6/9、8/28、11/12、12/24、12/25、12/31

卡薩達聖多明哥
Santo Domingo de la Calzada

這座城市的命名源自修士多明哥‧加西亞（Domingo García，1019-1109），他原本想申請進入附近著名的聖米揚修道院但沒有成功，便轉往其他地方修行。在修行期間，多明哥注意到了朝聖者往來的需求，致力於發展城鎮的基礎建設，如造橋、鋪路、建造醫院，增加生活機能的便利性，城鎮逐漸成為中世紀朝聖者的必經之地。多明哥一生熱心奉獻於朝聖之路，過世後城鎮便以他的名字命名，卡薩達（calzada）在西班牙文則是堤道、道路之意，想必是感念聖人多明哥在此鋪路造福朝聖者的善舉。

← 卡薩達聖多明哥大教堂外觀。

↓ 聖人多明哥加西亞的遺骨與石棺存放於大教堂中。

籠子上方則是傳說中絞刑架的木頭。

卡薩達聖多明哥大教堂

$ 遊客7歐元，朝聖者4歐元

夏季週一至五9am–8.30pm，週六9am–7pm；週日9am–12.20pm及1.45pm–7pm；冬季週一至六10am–7pm，週日10am–12pm及2pm–7pm

此處教堂的最大特色：華麗雕刻的雞籠和傳說中復活烤雞後代。

　　而跟這座城鎮有關的知名傳說則是14世紀時，來自德國的一家人朝聖經過此地，旅店主人的女兒愛上這家人的兒子但遭到拒絕，便由愛生恨將銀製餐具放進這位德國朝聖者的行李並且誣告他偷竊，根據當時的法律，偷竊必須處以絞刑而死。這對失去愛子的父母，在朝聖結束返回傷心地，發現兒子仍然活著被吊在絞刑架上並對著他們說：「聖多明哥會將我帶回來，請到市長家為我申冤。」於是這對夫妻便馬上到市長家，告訴市長自己的兒子仍然活著，請求無罪釋放。市長當時正在吃晚餐，不悅地說：「你們的兒子如果還活著，那我正在吃的這隻烤雞也能復活了。」此話一出，餐盤上的烤雞便開始呱呱啼叫並且活了過來！也因此西班牙有一句諺語：「在卡薩達聖多明哥，烤過的母雞會叫。」（Santo Domingo de la Calzada, donde canto la gallina después de asada.）

　　現今參觀大教堂會看到一座大型華麗雞籠，據說其中一隻雞就是當時復活烤雞的後代呢，而籠子的上方則有一塊取自絞刑架的木頭，是朝聖之路上非常特殊的景點。

格拉紐
Grañón

　　距離卡薩達聖多明哥7公里之後的格拉紐小鎮，有兩間在朝聖者之間頗受歡迎的自由樂捐庇護所（donativo albergue）；我入住的是「Albergue Parroquial San Juan Bautista」。在第一次走朝聖之路時，我對這種自由心證、沒有定價的規則感到無所適從，所以幾乎都住在固定價格的庇護所，也沒有參加過所有入住的朝聖者一起用餐的場合。

　　樂捐的價值如何計算多寡？當我嘗試解開對這個機制的疑惑，開始在網路上找尋國外朝聖者論壇對於donativo的定義時，看到一則有趣的故事：大約在30年前某個寒冷的夜晚，有個喝醉酒的外國人在格拉紐附近的教堂徘徊，飢寒交迫卻遍尋不著住宿，好心的牧師帶他回家提供一點熱湯、食物以及一個床位。隔天牧師醒來時，那位外國人已經離開，床上留著1200比塞塔[3]，牧師在小鎮裡仔細地尋找這位過客想把錢還給他，卻一直找不到人。爾後牧師將這筆

← 晚餐後的朝聖者心情分享和教堂沈思時光。

---

3 西班牙尚未使用歐元前的貨幣，1200比塞塔大約是今日的7.5歐元。

錢放在一個盒子，若是錢被拿走他就再補上，希望能等待那位外國人回來小鎮取回他的遺失物。1997年7月1日，秉持著同樣的精神，利用格拉紐教堂內的空間成立自由樂捐的庇護所，為往來的朝聖者提供食宿。

朝聖者論壇中網友提到donativo的定義令人感動：「donativo並不代表免費，通常這種庇護所也不代表豪華或舒適，有一張床能睡，能好好洗個澡，或好好吃頓飯就已經足夠，因為donativo代表著信任、喜悅、分享、愛、溫暖。」

庇護所大約每兩週就會輪值一批新志工，每個人都充滿熱忱地幫助往來的朝聖者。床位由簡單的地墊並排而成，不過空間非常舒適。在晚餐後眾人分工合作洗碗，並一同參加教堂內的晚禱，用自己的語言訴說踏上朝聖路的心情，相信經過一晚的洗禮後，可以感受到這趟路程的愛與能量。

離開格拉紐，朝聖者即將與拉里奧哈行政區告別，漸漸步入卡斯提爾與萊昂地區中的布爾戈斯省。

⬆ 即將開始的晚餐時間。

庇護所：Albergue Parroquial
San Juan Bautista

🕐 全年
🛏 40，提供簡單晚餐、早餐
💲 自由樂捐

⬆ 床位是用簡單的厚墊鋪設而成。

聖約翰奧特加村
San Juan de Ortega

Amigos del Camino de Santiago Burgos

今日的聖約翰奧特加是人口大約20人的小村莊，只有一座教堂、一間店、一間庇護所。村名的由來就如同前面篇章提過的卡薩達聖多明哥，紀念聖人奉獻興建而成。

約翰修士（Juan Velazquez，1080-1163）是卡薩達聖多明哥的弟子，曾經一同修路、建造洛格羅尼奧的橋樑。當聖多明哥死後，聖約翰前往耶路撒冷朝聖，在回程時遭遇到暴風船難，當時船上載著聖人尼古拉斯（St. Nicholas）的遺骨，約翰便向聖人禱告祈求若是能平安返家，必定會奉獻餘生行善幫助朝聖

↑ 春分及秋分時，陽光照耀著聖母雕刻的光影變化。照片提供：José Manuel Pérez（前任村長，當地民宿"La Henera"主人）

← 聖約翰奧特加村的教堂。

者。聖約翰成功返回家鄉後，選擇以惡名昭彰的奧加山區（Montes de Oca）作為整治地區，當時山裡常有盜賊伺機埋伏搶劫朝聖者。聖約翰便在山上清理出一條可以行走的道路，並在山腳下興建教堂和庇護所等基礎建設，ortega/ortiga在拉丁文有薊草、蕁麻草的意思，或許代表著此處在尚未建設前雜草叢生令人難以前行。

12世紀時，這裡只是個小教堂，聖約翰的善舉得到當時國王阿方索七世的注意，將附近的稅收捐贈給教堂和修道院，而這座村莊也獲得教宗的保護和幫助，足以見得這裡受到高度認可，得到許多有力人士的贊助，在15世紀時教堂再度擴大成今日樣貌。

這裡流傳幾個奇蹟傳說，例如山中的竊賊偷了頭牛，但不久後就因遇上大霧而迷路，不知走了多久等到霧散去以後竟到了教堂門口。還有個故事是當聖約翰棺材被打開時，一群白色的蜜蜂隨著陣陣香氣飛了出來，白色蜜蜂在古代被視為未出生孩子的靈魂化身受到聖約翰的保護，等待成為虔誠女性的孩子。

值得一看的是每年的春分（3/21）、秋分（9/22）下午5點之際，陽光灑進教堂內，照耀著柱子上從天使報喜到聖母產子的雕刻，當光影巧妙落在聖母馬利亞雕像的腹部，似乎也與聖約翰保佑懷孕婦女的形象相呼應。

1477年，卡斯提爾王國的伊莎貝爾女王來此拜訪，當時伊莎貝爾與阿拉貢王國的費南多二世聯姻合併成為強大的天主教王國。然而他們結婚七年卻一直沒有小孩，而聖約翰是病人、婦女、孩童的主保聖人，女王到此拜訪後不久即懷孕產下一子，名為胡安（Juan），後來又生下公主胡安娜（Juana）。而早夭的王子以及繼承家族情緒疾病的公主又是後來王室的另一段故事了。

庇護所：Albergue del Monasterio de San Juan de Ortega
🕐 3到10月　🛏 68　💲 10歐元，晚餐大約9歐元另計

→

朝聖者的成年禮：水泡治療

　　離開庇里牛斯山區後，接下來的幾天都會遇到納瓦拉地區不斷起伏的坡度挑戰，經過長時間和長距離健行數日後，隨即而來的問題就是身體能否適應上路初期會面臨的狀況，例如膝蓋痛、腳踝腫、雙肩能否承受背包重量，以及最常見的水泡。

　　根據我個人的經驗，起水泡與否跟登山鞋襪有非常大的關係，其次是行走的距離是否超過個人體力負荷。初期陪伴我上路的登山鞋是一雙非常基礎的健行鞋款，底部不厚導致我走在石子路上時，似乎都能感覺到腳底下的石頭大小和它們造成路面的高低不平。也因此每走完一天，我的腳就會增加一顆水泡，走不到五天我已經步履蹣跚、傷痕累累，宛如中世紀穿著麻布草鞋的旅人，受盡風霜孤身走在巴斯克語的陌生世界。有天晚上我向西澤梅諾（Cizur Menor，潘普洛納下一個小鎮）庇護所志工求救，志工Ambrosio開始對我的鞋子進行分析和檢查，他建議我先試著增加鞋墊厚度，當下應急的方法，就是使用女性生理用品衛生棉，剪成相同大小的形狀，減少水泡跟地面石子的摩擦和接觸。Ambrosio幽默地說在往後的城鎮，只要看到那些朝聖者鞋子脫下裡面有衛生棉，甚至男性朝聖者也去購買衛生棉的，就知道他們是從哪個庇護所學到

的招數了！

　　而這趟路上我學到處理水泡的方式有這兩種：

　　(1) 用針筒：用乾淨針筒將水泡裡的水份抽出，傷口消毒後貼上OK蹦保護。

　　(2) 用針線：針線消毒後，把針穿過水泡兩邊，讓裡面水分沿著線頭流出，塗上優碘後貼上OK蹦保護傷口。

　　這兩種方法我都試過，相同水泡傷口會不會復發，我認為主要影響因素在於「登山鞋好壞程度」、「走路時是否摩擦到同一位

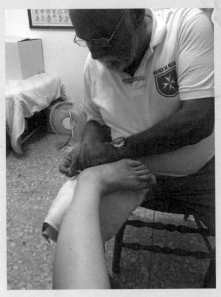

庇護所志工幫我以針筒方式抽出水泡中的組織液。

置」。另外傷口癒合速度也跟朝聖者本身體質有關，旅途中我遇過朝聖者用針線處理水泡但是傷口一直好不了甚至還發炎，必須休息兩天，因此工具的清潔還有對自己身體瞭解程度都非常重要。若遇到自己不能處理的傷口，可向庇護所志工或是當地醫院尋求協助。

　　另外，在每天走完回到庇護所的時候，也會看到朝聖者們裝一桶冷水泡腳，裡面加上粗鹽和醋，據說可以消炎、消除疲勞。

　　學習水泡治療的朝聖者成年禮或許不會發生在每個人身上（如果登山鞋夠好、夠適合自己的話，這種困擾或許不會發生），但互相提供幫助、擁有共同痛苦回憶的共鳴，朝聖者間的話題或革命情感，正在慢慢的累積中。

　　跨越了雙腳病痛和身體勞累，朝聖之旅即將再次邁入下一個階段。

→

沉重負擔

　　跑全程馬拉松內心會面臨幾個轉折，起跑時的興奮與自信、開始感覺疲勞、懷疑自我、進入撞牆期、重新振作，最後調整自己步伐迎向終點。

　　而這長達一個月的朝聖之路，是一場更長、更久的馬拉松。尚未出發前，每天看著路線規畫紙上談兵，只考慮20、30公里帳面上的數字，並沒有想到坡度落差、腳下的路面平穩、頂上的毒辣太陽等因素，因為連續在這些條件下行走是朝聖者未有的經驗。

　　即將上路時，我曾患得患失地把認為需要的用品一股腦地塞進背包，因為沒有嘗試過背著一個月行囊走路，無法預先認知雙肩的承載能力，多帶了書、健行厚外套、薄外套、輕便女鞋、大型摺疊旅行袋、步驟繁複的臉部保養品，背了12公斤行囊走了快十天，發現這些東西完全沒有用到，但它們占了我背包一半的重量。

　　開始上路時，我背著這些東西爬庇里牛斯山，帶著剛出發的喜悅，並沒有感覺到特別不適，甚至覺得再多走個幾天，我的背和雙肩應會越來越強壯有力。隨著連續長距離步行的天數增加，腳起水泡、膝蓋腳踝不適、全身腰痠背痛等問題陸續接踵而至，疲勞和腳傷難以休息一個晚上就得到恢復，每當清晨

朝聖者背著各自的行囊，行走在豔陽下，
經過山坡、平原、公路等各種挑戰。

其他朝聖者精神抖擻整裝出發時，自己卻在後頭拖著一臺牛車般地緩慢前行。
離聖地牙哥還有600公里，旅程只過一個禮拜，就算在每個小鎮都卸下包袱坐
下來休息，卻在繼續上路後不到半小時後又開始疲勞。我突然可以理解頂著大
石的薛西弗斯那種反覆努力卻徒勞無功的無奈，也開始自我懷疑著是否能夠完
成這趟朝聖，要不要改去其他地方旅遊，或立刻改機票回家？

　　這是旅途中朝聖者第一個瞭解自己的機會，疲累使我認知到自己的身體極
限，病痛讓我理解自己不如預想的堅強，上天似乎有計畫地進行組織重整，打

壞我的自信心結構，留下心理建設地基以後再進行大規模重建。因此當我踏著苦痛的每一步在曠野或山林前進時，我與自己達成一個共識：重新訂定「需要」的標準，換掉一些裝備，丟掉不必要的物品，寄走多餘的雜物。

開始行動後的隔天，減輕一半的重量後，我突然感到前所未有的自由，身體脫離禁錮的自由，心情感到輕鬆的自由。原來，那些日常生活所用，以金錢、價格標誌的各種物質生活，在這條路上卻是以公斤計算的沉重負擔。

寄送行李的方式

Tip1 寄行李到下一站的運送服務 ▶

背包寄送服務公司：可在要寄送的背包掛上信封，裡面放入公司要求的金額（通常是5歐元），信封上寫下隔天要投宿的地點，並在前一晚先用電話通知公司隔天來收件（我有過沒打電話，到了目的地東西還在前一天庇護所的經驗）。通常5歐元運費涵蓋的範圍大約25到30公里。

值得注意的是，多數公立庇護所不接受收件，背包會被轉送到附近商店或酒吧，還有背包寄送過去庇護所也不保證床位已預留，有習慣事先訂住宿的朝聖者請另外預約。

Tip2 把不需要的東西寄到聖地牙哥 ▶

1.寄到大城市的郵局或聖地牙哥的郵局，可存放大約15天；但是走完整趟

法國之路大約需要至少30天,沒有用到的東西要花兩次郵資不太划算。按照西班牙郵政的官網,寄放的行李超過15天後,會依照天數每天多收取1到2歐元的費用。

2.寄到聖地牙哥的寄放設施CASA IVAR,依包裹尺寸付寄存費:Camino Forum的論壇創辦人伊沃(Ivar)提供朝聖者寄存包裹在聖地牙哥60天,15到25歐元。領取包裹有特定的開放時間。可參考: https://bit.ly/2SoYAln

3.從法國境內寄行李到聖地牙哥:朝聖者辦公室旁的運輸服務Express Bourricot、SJPP的法國郵局各自的收費標準及配合管理的倉庫不同(有些存放在配合旅館,有些放在郊區倉庫),寄出前請先向櫃台確認東西會存放在聖地牙哥的什麼地方、存放期限、如何領取等資訊。請參考:https://www.expressbourricot.com/

朝聖之路上有不少間公司提供運送行李到下一站的服務。

阿塔普爾卡考古遺跡
Atapuerca Archeological Site

　　距離聖約翰奧特加村7公里後、布爾戈斯前18公里的阿塔普爾卡村，這裡有一處考古遺跡和博物館，需稍微繞路來回3公里的距離。在當中的Sima del Elefante洞窟曾經發現110到120萬年前的人類牙齒和下顎骨碎片，被認為歐洲最古老的人類曾在此生活。

　　而在胡瑟裂谷（Sima de los Huesos）這區遺跡中，發現了上千片的骨骼遺骸，經考古學家拼湊研究，歸納屬於至少28個人，男女老少皆有，據推測是30萬到60萬年前的人類，屬於尼安德塔人的祖先海德堡人。

　　想不到朝聖之路除了中世紀歷史、宗教信仰、哲學思想領域以外，竟然還能在這條路上遇到人類學的相關知識。2017年時出現一則有趣的新聞，西班牙知名的老牌電音團體Fangoria女主唱Alaska被任命為阿塔普爾卡基金會的大使，眾人正在納悶電音跟考古有何關係時，才知道原來Alaska除了創作音樂這項專長外，對史前考古特別有興趣，1998年時還親自在阿塔普爾卡遺跡參與過挖掘工作呢！

　　參觀分為考古遺址（Yacimientos）和考古實驗中心（CAREX）兩部分，須先行電話預約+34 947 421 000或是透過鄰近庇護所預約導覽。

考古遺址

$ 遊客6歐元，朝聖者5歐元
🕐 必須事先預約到訪時間
休 週一

考古實驗中心

$ 遊客5歐元，朝聖者4歐元
🕐 週二至五9.30am–2pm及3.30pm–7.30pm；週六至日9.30am–7.30pm；
休 週一
! 參觀時間依照季節調整，每個月開放時間略有變化，詳細資訊請參考官網：https://www.atapuerca.org

前往阿塔普爾卡途中的景色。

布爾戈斯
Burgos

　　布爾戈斯曾是中世紀卡斯提爾王國的首都，現在也是布爾戈斯省的首要行政區。從起點SJPP行走至這座大城市大約兩個禮拜，在路上認識放暑假的歐洲朝聖者行走到這裡後差不多要回到各自的工作崗位，不過也有不少新的朝聖者會從這裡加入。舊城中心的入口處有一座精美雕刻的城門，名為「聖馬利亞拱門」（Arco de Santa Maria），建於14世紀，原本是整個城市防禦城牆的一部分，目前只留存下這座拱門。城門的外觀設計則是在1536至53年重新翻修後加入，上面的六個人物都是布爾戈斯歷史上的重要人物：卡斯提爾脫離萊昂王國後統治此地區的法官拉蘇拉（Nuño Rasura）和卡沃（Laín Calvo）、本城市創始者波塞洛斯（Diego Rodríguez Porcelos）、奠定卡斯提爾王國獨立基礎的功臣岡薩雷茲（Fernán González）、對抗摩爾人聞名的英雄熙德將軍，以及西班牙國王卡洛斯一世[4]。沿著拱門上樓有個小型的免費展覽館，除了不定期展出現代作品外，還有常態性的歷史文物。

聖馬利亞拱門展覽館

$ 免費

⏰ 週二至六11am–2pm及5pm–9pm，週日11am–2pm

休 週一

拱門上的人物雕刻，是布爾戈斯城市歷史上的重要人物。→

---

4 西班牙王國的卡洛斯一世，同時也是神聖羅馬帝國的查理五世，其母是西班牙王室繼承人胡安娜一世，父親是哈布斯堡家族的菲利普一世，兩個皇室聯姻生下的小孩，成為兩個王國的君主，是當時歐洲最大的統治勢力。

在布爾戈斯城市中有一座騎著馬、手持長劍的熙德將軍（El Cid，阿拉伯人尊稱他為al-síd，在阿拉伯語中是神或君主之意）雕像。熙德將軍本名羅德里戈‧狄亞茲‧維瓦爾（Rodrigo Díaz de Vivar，1043-1099），出生於布爾戈斯附近，年輕時跟隨卡斯提爾國王桑丘二世，替國王擴張領土。1072年，桑丘二世遭暗殺過世後，王位改由弟弟阿方索六世繼承萊昂和卡斯提爾王國，熙德在1081年阿方索六式統治期間大舉拿下托雷多（Toledo）。然而後來國王與將軍心生嫌隙[5]導致熙德被流放，於是他去當時伊斯蘭教勢力的薩拉戈薩（Zaragoza）當傭兵隊長替摩爾人打仗。摩爾人的哥多華王國在1031年結束後的50年間，伊比利半島上的伊斯蘭教世界分裂成數個不同的小國，稱為「太閤」（Taifa）。太閤諸國發展出豐富文化和富裕經濟，不過在軍事能力上卻不強大，因此常需要花錢請北方基督教軍隊提供保護，熙德此時便加入薩拉戈薩陣營替太閤作戰。當時的太閤諸國與北方天主教王國一度處於共生的平衡狀態，太閤向北方進貢金錢換取和平，使得北方王國變得越來越富有。但隨著天主教王國加緊對太閤諸國控制，太閤為了提升軍事能力只能找來強勢的北非穆拉比特人組成的王朝（Almoravids，阿拉伯語的al-Murabitun）首領尤蘇夫（Yosuf）與他的軍隊。1086年北非勢力打贏天主教勢力，迫使阿方索六世不得不重新召回遭下放的熙德將軍再次回來為天主教王國作戰。1094年，熙德利用強大軍事能力和權謀策略攻下瓦倫西亞（Valencia）並統治當地，直到1099年過世。1102年，瓦倫西亞再度落到摩爾人手中，熙德的棺木遷回卡斯提爾王國，一

↑ 熙德將軍的雕像。

5 有一說法是因熙德擅自出兵，另一說法是熙德遭宮廷誣陷。

開始埋在故鄉的小修道院，1921年後移至布爾戈斯大教堂。

　　布爾戈斯大教堂，原是1080到95年間隸屬於王國宮殿的羅馬式建築，阿方索六世將此地捐給當時的主教。布爾戈斯逐漸發展成為政治和經濟中心，需要擁有一座世界級的大教堂，因此在1221年費南多三世統治期間正式開始興建，並設計為當時流行的哥德式風格。教堂在13、14世紀大抵完成，15至18世紀間則是擴建和增加尖塔、穹頂及聖器室。現今教堂內的報時人偶「papamoscas」、華麗的金梯及祭壇都是這座大教堂的參觀重點。

　　若對考古或人類遺跡有興趣，在布爾戈斯有一座人類進化博物館（Museo de la Evolución Humana），將阿塔普爾卡遺跡發現的人類頭骨、使用的石器作了完整的研究和呈現，並且模擬出原始人種的樣貌，博物館占地兩公頃，也模擬出阿塔普爾卡遺跡挖掘處的景觀。

　　欲參加人類進化博物館前往阿塔普爾卡遺跡的一日遊，須打電話+34 947 421 000或寄電子郵件reservas@museoevolucionhumana.com預約，巴士11:45am發車，請提前15分鐘至博物館領取門票，6pm回到布爾戈斯市區。費用17歐元，朝聖者13歐元，周日出發時間可能不同，預約時請再次確認。

　　另外，喜歡參觀古文物收藏的朝聖者，則可參觀人類進化博物館250公尺外的布爾戈斯博物館（Museo de Burgos），這裡收藏了與當地相關的史前、羅馬、凱爾特人、中世紀天主教以及伊斯蘭教時期的文物，可感受到布爾戈斯充滿豐富古老的故事，以及珍貴的文化瑰寶。

布爾戈斯大教堂

$ 遊客7歐元，朝聖者4.5歐元

🕐 3月19日至10月底9.30am–7.30pm；11月至3月18日10am–7pm

⚠ 結束前一小時停止入場，特殊節日開放時間若有異動請參考官網http://catedraldeburgos.es/

人類進化博物館

$ 遊客6歐元，朝聖者4歐元

🕐 夏季週二至日10am–8pm；冬季週二至五10am–2.30pm及4.30pm-8pm，週六至日10am–8pm

休 週一

布爾戈斯博物館

$ 1歐元

🕐 夏季週二至六10am–2pm及5pm–8pm，週日和節假日10am–2pm；冬季週二至六10am–2pm及4pm–7pm，週日和節假日10am–2pm

休 週一以及1/1、1/6、6/11、6/29、11/1、12/24、12/25、12/31

聖安東修道院遺跡
Monasterio de San Antón

　　從翁塔納斯（Hontanas）出發6公里後，會看見一座哥德式的修道院遺跡，這座遺跡的屋頂已幾近完全毀損，不過整棟建築還是非常值得參觀，例如靠近天花板的窗戶雕刻由許多T字型的十字架排列而成，因為「T」在中世紀代表著重生、復活，而這座修道院在古時經常幫助往來的朝聖者治療「聖安東之火」。待朝聖者在此地治療痊癒後，修道院會贈與T型十字架、紅酒、麵包，祝福朝聖者獲得重生。

　　聖安東是三世紀的埃及隱士，也是傳染病、皮膚病、豬隻的主保聖人。這座修道院成立於1095年，到了12世紀受皇室保護，目前遺址的建築則可追溯至14世紀。如今我們已知中世紀的流行疾病「聖安東之火」，其實是因為行經梅

← 從高聳的外牆可感覺
出此地在中世紀時的
規模與氣派。

↑ 聖安東修道院破損的遺跡及雕刻。

塞塔高原，被黑麥上的黴菌所感染造成急性紅腫、皮膚灼熱、抽搐甚至產生幻覺，當今醫學稱為麥角中毒（Ergotismo）。

在這座破損的遺跡內部，搭建了一個小空間作為自由樂捐庇護所（Hospital de San Antón），附有現代化的淋浴和廁所設備，在這裡基本的生活起居和遮風避雨不成問題。雖然附近沒有村莊和酒吧等娛樂場所，不過想像夜晚遠離城鎮仰望星空，睡在遺跡內搭建的空間感受靜謐的氛圍，時光彷彿回到中世紀，這樣的朝聖之路經驗真是太奇特有趣了！

庇護所：Albergue Hospital de San Antón

🕐 5到9月，提供簡單晚餐、早餐
🛏 12　$ 自由樂捐

← 遺跡內搭建的庇護所。

聖尼可拉斯庇護所
Albergue Hospital de San Nicholás

在聖安東修道院遺跡後的13.5公里，來到艾特羅德卡斯提尤（Itero de Castillo）村莊，會看到一座坐落在梅塞塔高原上的長方形建築物，第一次走法國之路時因為已計畫趕路去16公里後的穀倉鎮（Frómista）停留而匆匆經過，但對於當時入住聖尼可拉斯庇護所的朝聖者喜孜孜地像是發現新大陸般的神情，印象深刻，因此第二次踏上法國之路時便將這裡列為必訪清單。

這棟建築在12世紀曾是朝聖者的醫院，到了近代由義大利修會整頓營運，夏天時會有義大利修士或是志工到此幫忙照顧朝聖者，每一批約輪值兩週，住宿費用自由樂捐含晚餐。飯前會由庇護所人員為朝聖者舉行洗腳禮，這項儀式源自於《約翰福音》第十三章中，耶穌知道自己即將離世，遂利用與門徒進行最後晚餐的席間為他們行洗腳禮，通常猶太人的習俗是由僕人或客人為主人洗腳，然而《聖經》中耶穌扭轉此階級制度傳統，顯示主的服事與謙卑，以及希望門徒彼此互信互愛的精神。

← 佇立在梅塞塔高原的聖尼可拉斯庇護所。

聖尼可拉斯庇護所

🕐 5到9月，提供簡單晚餐、早餐
🛏 12（以徒步者為優先），提供簡單晚餐、早餐
💲 自由樂捐

此外，這間庇護所還有許多特別之處，例如建築物沒有電燈，所有朝聖者吃晚餐和早餐是搭配著燭光。本以為沒電的生活會不太方便，不過幸運的是，庇護所後面另一棟附設建築有現代的衛浴設備。如果有機會來這裡，除了得到中世紀朝聖者體驗外，也能夠感受到志工滿滿的愛與關懷。

離開聖尼可拉斯庇護所後，朝聖者即將離開布爾戈斯省進入帕倫西亞省。

☝ 朝聖者的床位區域。

比亞門特羅德坎波斯
的黎明庇護所

多數人的行程會從穀倉鎮走20公里到卡利翁洛斯孔德斯（Carrión de los Condes），因為再下一個階段將是漫長的17公里無小鎮商店，所以朝聖者會停在卡利翁洛斯孔德斯休息過夜。

比亞門特羅德坎波斯（Villarmentero de Campos）則是途中經過只有16位居民的小村子，村內只有一條主街、一間教堂，看起來不太顯眼。當時因為想找個地方上廁所順便喝個咖啡稍作休息，便走進這間兼營小商店的黎明庇護所（Albergue Amanecer），沒想到竟然踏入了一個既奇特又可愛的空間！

← 戶外空地與酒吧。

在露天的空地上，聽著庇護所播放的心靈音樂，看著雞鵝成群，無視往來陌生朝聖者在其中悠閒漫步，幾隻驢子吃草休息，活潑親人的狗自然不會缺席這場盛會，旅人挑個一旁的吊床休息、午睡，要不是在此停留的人多是穿著朝聖裝備，還真以為自己來到嬉皮的世界！若想住在這裡，除了一般上下鋪還有不同的「房型」，例如帳篷、小木屋、水管（水管！這種房型真是太創新了），可使用廚房烹調晚餐，或向庇護所訂購朝聖者套餐。

朝聖之路上充滿各種類型的庇護所，有設備齊全的，也有設備簡陋但氣氛溫馨，或是瑜珈冥想療癒身心的空間，也有分享愛與關懷的神職人員傾聽或給予朝聖者溫暖的招待，然而這間庇護所的特別之處在於很難跟特定類別劃上等號，因為這裡存在著一種氣氛，像是進入桃花源般的另一個世界，讓人捨不得離開。

庇護所的空地是各種小動物的活動範圍。 →

比亞門特羅德坎波斯的黎明庇護所

🕐 3到10月　🛏 18
💲 7歐元，晚餐10 歐元另計，早餐樂捐，其他房型按狀況開放

← 庇護所與後方的小木屋。

Camino Francés 15

薩阿貢
Sahagún

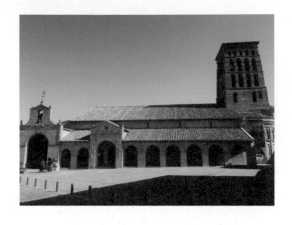

　　薩阿貢是萊昂省的小鎮，名字由來是西元304年，當地聖徒法昆多（San Facundo，又稱San Fagun）遭到羅馬士兵追殺而殉教，傳說他遭斬首時從脖子湧出牛奶和鮮血，後來在埋葬聖徒的地方蓋了修道院和小鎮，就是今日的薩阿貢鎮。城鎮的主要建設在11世紀時，國王阿方索六世在此地開始實施法國克呂尼修道院的改革[6]，加強了聖班尼多修道院（Monasterio Real de San Benito）的興建，雖然昔日碩大的修道院在這座17世紀巴洛克式的聖班尼多拱門之後，已被馬路取代，部分修道院建築已成為廢墟，但這裡曾埋葬著阿方索六世及皇后遺體，甚至女兒烏拉卡公主與阿拉貢王國的阿方索一世的婚姻有爭議時，公主也曾住在修道院，等待這段聯姻宣判無效告終，此地的重要性由此可見一斑。

　　此外，薩阿貢鎮上的穆德哈爾式風格教堂也非常值得參觀，例如聖羅倫佐教堂、聖蒂爾索教堂，前者完全以磚砌成，後者則使用石頭與磚兩種建材，教

朝聖者教堂（發放中點證書）

$ 3歐元

🕐 夏季10.30am–2pm及4pm–7.30pm；
　冬季10.30am–2pm及 4pm–6.30pm

休 週一

----

6 歷史上稱為克呂尼運動，改善教會內部的腐敗
　來源，例如世俗的干涉，自行建立有效的經濟
　組織並且幫助窮人，效忠教宗而非國王或領
　主，後續也造就了教宗舉足輕重的影響力。

↑→ 聖班尼多修道院的拱門與遺跡。

堂的特殊之處在於羅馬式建築與方形摩爾式的宣禮塔巧妙融合，仔細看的話還可發現上面的馬蹄拱，儘管在法國之路上已見過許多大大小小的教堂，但是兩種不同宗教風格同時並存的建築卻很新奇，值得在當地多花點時間逗留。

　　薩阿貢鎮除了是法國之路與馬德里之路的交會處，也是南法SJPP到聖地牙哥的中間點，在朝聖路線上看到一個牌子標記著「centro del camino」，附近上坡的朝聖者教堂（Santuario de La Peregrina）有聖雅各之路相關的歷史展覽介紹，以及發放「中」點的朝聖證書，內部有一處殘存的伊斯蘭建築雕刻，非常值得入內欣賞。

→

不怕無聊，只怕太有聊

梅塞塔高原，以中央山脈將高原分成北部和南部梅塞塔，法國之路沿途大城市如布爾戈斯、萊昂則是經過北部梅塞塔高原後，再走進加利西亞山區。

朝聖之旅第二、三週間，俯首皆是經典的高原風光。那寬廣無邊的橙黃色大地，似乎給了朝聖者最好的氛圍進行哲學思考。然而在盛夏行經此路段，時常被豔陽曬得頭昏，而且在低矮的牧草、農田裡，很難覓得一片樹蔭遮陽。

此時朝聖者也對景色開始產生彈性疲乏，不管是一片麥田、向日葵花海、遠方山頭上的風車，都已經不會再讓人產生興趣，行走的過程就像是觀看一部對白稀少、節奏悠緩的長鏡頭老電影，讓人昏昏欲睡。

更令人難耐的是進入大城市前的工業區，儘管出發前常把這條路想成尋訪一連串中世紀城鎮古蹟、一趟文史田野調查之旅、或在葡萄田和原野間的恬適漫步，而忽略了那些21世紀無法避免的高速公路、工業區、採石場。常聽聞許多人認為進出大城市前後的路最為無趣，因此選擇搭公車快速離開，但或許是因為我對「無聊」的忍耐度很高，加上首次踏上朝聖之路，很想嘗試一個月完全不搭車的感覺為何，因此不管是布爾戈斯或萊昂，我總是選擇一步步前進。

另一種無聊與人際關係有關，在這條路上不乏認識新朋友的機會，一起走

路、休息喝啤酒、三到五人一同下廚分擔伙食費，這種模式到了兩個禮拜好不容易累積起一些革命情感，就面臨即將說再見的時刻，每到一個大城市就有一群夥伴要離開，隔天獨自上路時，竟突然感到有些孤單。不過團體成員更動、離開自是另一種日常風景，這種「說再見」的課題，從洛格羅尼奧、布爾戈斯到萊昂，一直到走進最後100公里的薩利亞（Sarria），身處在陌生臉孔的朝聖者中，我才漸漸釋懷。

　　還沒上路時總會擔心，單獨走朝聖之路會不會無聊？住在只有一間庇護所、一間商店的小鎮會不會無聊？這些疑問在朝聖者親身經歷後都證明了不必要的猜測和多慮。800公里的路程，不可能時時精采、風景如詩畫；獨自一人優遊徜徉在梅塞塔高原大地，或許會感到枯燥乏味，卻是與自己內心對話的好機會；小到三分鐘就能走完的城鎮確實無趣，但也省去了大城市過多餐廳或庇護所帶來的選擇障礙。在這裡，時間流逝好像擁有另一種度量標準，一個下午可以拿來洗衣服、曬睡袋、寫日記、細嚼慢嚥地吃飯、盡情地發呆，再緩緩地睡著。在職場生活或是工商業步調快速的城市，這種生活聽起來多麼奢侈。

　　因此，當我再次思考，梅塞塔高原一成不變的地貌、進入布爾戈斯前的漫長工業區、原始的庇護所、少了夥伴陪伴的步行，這樣的朝聖之旅無聊嗎？老實說，這樣的日子雖然無聊但不枯燥，孤獨卻不寂寞，少了外在變因或物質生活的干擾，反而更能把時間用在體驗和細細品嘗路上的種種小事，傾聽自己的內心。這趟旅程不怕無聊，只怕太「有」聊！

萊昂
León

萊昂大教堂

$ 大教堂6歐元，博物館3歐元

⏱ 夏季週一至五9.30am–1.30pm及4pm–8pm，週六9.30am–12pm及2pm–6pm，週日9.30am–11am及2pm–8pm；冬季週一至六9.30am–1.30pm及4pm–7pm，週日9.30am–2pm

🌐 http://catedraldeleon.org

　　萊昂是西元前29年就有羅馬軍團進駐的古老城市，名字是由當時軍團的拉丁名稱Legio VI Victrix中的Legio演變而成。羅馬帝國時期，萊昂附近地區開採豐富礦產，再往北從海岸城市希洪（Gijón）藉水路運送至其他地方，舊城至今都還有古羅馬城牆的部分遺跡。

　　10世紀初，阿方索三世在位時期逐漸將王國重心由阿斯圖里亞斯地區轉移至萊昂地區，奠定了日後成為萊昂王國的基礎。在向南方收復失地的同時，天主教王國也常因邊界擴張、王權爭奪而起衝突，例如阿方索三世晚期被自己三個兒子罷免後，各自分裂成阿斯圖里亞斯、萊昂、加利西亞王國，10世紀中葉隸屬於萊昂的伯爵領地獨立成為卡斯提爾王國。11世紀的萊昂王國國王費南多（Fernando I de León）的三個兒子桑丘二世、阿方索六世、加西亞二世各自擁有卡斯提爾、萊昂、加利西亞王國，桑丘二世攻占另外兩個王國後遭暗殺，由其弟阿方索六世繼承了卡斯提爾與萊昂王國，往後幾百年間這兩地時而合併、時而分裂，一直到14世紀初萊昂才完全併入卡斯提爾王國。

　　今日的萊昂，有不少獨特的文化瑰寶，例如醒目的萊昂大教堂，原址本是一處古羅馬浴場，10世紀時曾是王國的宮殿，當時國王歐多紐二世為感謝打贏摩爾人而將此地捐出改建教堂。現在我們看到的教堂是13世紀的哥德式建築，而當中最吸引人注目的則是多達134個的彩繪玻璃和3大玫瑰花窗，透過外在陽光照射呈現出不同的光影變化，是這座教堂最吸引遊客的特色。

萊昂主教座堂的外觀。
教堂內各式各樣的彩繪玻璃。

⬆ 多位萊昂王國王室成員長眠於此。照片提供：聖伊西多羅禮拜堂博物館，© Museo San Isidoro de León-All rights reserved。

聖伊西多羅禮拜堂

💲 5歐元含團體導覽

🕐 夏季7至9月週一至六9am–9pm，週日
9am至3pm；其餘月份週一至六10am–
2pm及4pm–7pm，週日10am–3pm

🌐 http://www.museosanisidorodeleon.com

❗ 多數展品不能拍照

聖伊西多羅禮拜堂（Real Colegiata Basílica de San Isidoro de León）是11世紀建造的羅馬式建築，存放著當時塞維亞主教伊西多羅死後在摩爾人統治時期移出的棺木，後來也成為多位萊昂王國王室成員長眠的地方。這裡的博物館有一項著名的館藏：烏拉卡公主的聖杯（Cáliz de doña Urraca），據說是出現在耶穌最後的晚餐中的杯子。歷史學家從北非的阿拉伯語手抄記載中找到

相關的資料，推測出這只原始的木製杯子在耶穌死後被人從耶路撒冷帶出，從北非帶進伊比利半島，再由摩爾人贈送這項寶物給萊昂國王費南多一世，象徵雙方的友誼，後來聖杯為國王的女兒烏拉卡公主所擁有，在11世紀原始質樸的木頭杯子又加上了寶石、黃金雕刻點綴，成為現在我們看到的華麗聖杯。

聖馬可斯修道院（Convento de San Marcos）在12世紀用作朝聖者醫院，16世紀時由國王下令進行整修，最著名的是銀匠式（Plateresco）外觀的華麗雕刻。銀匠式的建築風格常見於15世紀末期的西班牙，融合哥德式和文藝復興式，不過外觀更加精緻，不管是紋章、人物、動物，精細程度媲美銀器而非只是一般石雕。聖馬可斯修道院到了西班牙內戰時期曾一度變成監獄，現在則經營成為高級的國營旅館（Parador de León Hostal de San Marcos），修道院內有一部分目前作為萊昂博物館使用。

波堤內斯之家（Casa Botines）是鬼才建築師高第早期的作品，1892年開始施工並在10個月後完成。這座新哥德式建築的靈感取自於萊昂大教堂，委託人是加泰隆尼亞到萊昂發展事業的商人，原本用途為商業倉庫的私人用地，後來輾轉成為西班牙銀行（Caja España），2017年起成為博物館向大眾開放。

聖馬可斯修道院

$ 0.6歐元

🕐 夏季7至9月週二至六10am–2pm及5pm–8pm，週日及節假日10am至2pm；其餘月份週二至六10am–2pm及4pm–7pm，週日及節假日10am至2pm

休 週一

波堤內斯之家

$ 8歐元

🕐 週一至六11am-2pm，4pm-8pm，週日11pm-2pm

休 週三上午、週日下午

↑ 高第早期的作品波提內斯之家。

← 聖伊西多羅禮拜堂的重要館藏：烏拉卡公主的聖杯。
照片提供：聖伊西多羅禮拜堂博物館，© Museo San Isidoro de León-All rights reserved。

奧爾比戈的橋和醫院村
Hospital de Órbigo

　　位於萊昂之後32公里，奧爾比戈河（río Órbigo）行經的區域，在這裡有一座13世紀的古橋，河的左岸曾有座教堂，到了16世紀，河的右岸增加了一所醫院，因此取名為橋和醫院村。

　　從古橋的規模有19座拱門就可想像這條河曾有的寬度，在19世紀拿破崙進攻時，當地居民還摧毀橋的兩端讓法國軍隊不能通行。到了近代因為上游的水壩興建工程，讓目前的奧爾比戈河在此地成了涓涓細流。過去的流域現在成了草坪，每年6月的第一個週末，小鎮會在橋下這塊空地舉辦中古世紀的節慶，這項活動從1997年開始，上演曾經發生在這座古橋的故事。15世紀時，萊昂王國的奇紐內斯騎士（Don Suero de Quiñones，1409 - 1456）愛上某位女子卻沒有得到回應，覺得自己深受愛情的禁錮，請求國王讓他在這座橋上舉行挑

← 朝聖者由榮譽之橋走進小鎮。

戰賽，向每一位路過的騎士進行對戰。1434年[7]7月，奇紐內斯將鐵鍊掛在脖子上，與他的九位騎士夥伴，歷經一個月的166次戰鬥，擊敗了68位對手，打斷了200根矛（原本的目標是300根），騎士決定解開枷鎖，前往聖地牙哥朝聖。據說當他抵達聖地牙哥時還留下了戒指和藍色緞帶，緞帶上寫了一些詩句象徵他對心上人的愛呢！

騎士當初抱著必死決心堅守的橋，後來稱為榮譽之橋（Paso Honoroso）。20幾年後，奇紐內斯在一場決鬥中身亡，殺死他的人正是當年在橋上與他決鬥過的騎士。

這個小鎮的庇護所各有特色，例如教區Karl Leisner庇護所有著舒適寬敞的中庭和後院；San Miguel庇護所有著溫馨的空間和一幅幅藝術畫作裝飾；而不在朝聖路線上需稍微繞路5分鐘的Albergue Verde則是個帶著些許嬉皮氣息的地方，有著大草坪、有機菜園、瑜伽時間、冥想室，晚餐是庇護所精心製作的素食料理，早、晚餐自由樂捐。如果再走一次，我依舊會選不出要住哪一間，說不定我會在這個小鎮住下三晚！

← ↓ 非常有特色的素食主義庇護所Albergue Verde。

7 當年為聖年，因當年的聖雅各日7月25日是星期日，聖年的規律是每隔6、5、6、11年。

天神之家
La casa de los dioses

　　離開奧爾比戈的橋和醫院村有兩條路線可選擇，一條沿著公路直行路線約15公里，可抵達阿斯托加（Astorga），另一條路線需多走一公里，但途中可以經過兩個小鎮，而在阿斯托加前6公里的山頭上，會經過一處非常特別的補給站，因此多數人會選擇後者路線。

　　這裡有個叫作「天神之家」的小攤子，擁有者是大衛。他在這裡擺滿果汁飲料、水果、餅乾蛋糕，提供給路過的朝聖者充飢解渴。會選在這個地點是因為大衛年輕時走過法國之路，體會到當初這座山頭沒有遮蔽和補給，是朝聖者口渴時最需要喝水的地方。空地後的小棚子是大衛的家，在這裡他過著沒電、沒車、沒有水龍頭的生活，以步行搬運的方式將招待朝聖者的食品帶上山頭。

🔼 山坡上的樂捐小站，飲料、食物、水果應有盡有。

在這個3C產品盛行的時代，三不五時就要查看電子信箱，上社群媒體更新貼文，就算不用流行性商品，難道不需要暖器或電燈之類的產品嗎？不擔心跟親友失聯嗎？2016年到訪時，這個地方由大衛和女友蘇西共同維持，當時沒見到大衛，蘇西灑脫地闡述他們的生活理念：「天冷就多蓋點毯子，沒有使用手機也不擔心聯絡不上，當訊息是需要傳遞時，就會自然而然地來到身邊。」

我在路途上反覆咀嚼這段話，回到日常生活才發現它帶有一股強大的力量，並不是要回歸家徒四壁才算安貧樂道，也不是要完全擺脫物質欲望才算灑灑勇敢，而是或許有一天，朝聖者會漸漸得到體悟：「那些東西不需要了。」名牌包也好、名錶西裝或是其他財富也好，我們開始一層層卸下外在的裝備，就算少了這些物品也感到坦然自在。對芸芸眾生而言，能有這樣的體悟往往需要度過幾十年或是歷經一場大病之類的生死關頭，不過這些住在路上過著簡樸生活的人，卻總是比我們還早洞察到這樣的人生。

第二次踏上法國之路因選擇另一條路線而錯過了這個心靈小站，聽說大衛曾離開過一段時間，原本想問問他對於每天抱著好奇眼光打量他的朝聖者會感到厭倦嗎？隨著朝聖之路越來越熱鬧會覺得世俗化嗎？不過仔細想想提出這些問題的我才是俗氣。從地方新聞上得知大衛前幾年沒帶錢、沒穿鞋照樣踏上冬季之路，我想他就是用如此獨特的方式和自我風格來詮釋「朝聖」這件事吧！

離開天神之家後，即將下坡進入阿斯托加。 ➡

阿斯托加
Astorga

阿斯托加主教宮（朝聖者博物館）

$ 遊客5歐元，朝聖者4.5歐元

🕐 夏季5至10月10am–2pm及4pm–8pm；冬季11月至4月10.30am–2pm及4pm–6.30pm

休 1/1、1/6、12/25

阿斯托加距離聖地牙哥大約258公里，是法國之路與銀之路（Via de la Plata）朝聖者的會合處。羅馬帝國建城時期的阿斯托加名稱為Asturica Augusta，現今能在這裡看見3世紀建造的羅馬帝國防禦城牆，城內也有一個羅馬博物館（Museo Romano），收藏與展示帝國時期的考古文物和建築。

在歷經西哥特人打敗羅馬帝國、摩爾人攻進伊比利半島的時期，阿斯托加一度成為廢棄的城市，直到11世紀法國之路盛行，朝聖者才帶回人潮與繁榮。由於進出阿斯托加的前後都是山路，因此多數朝聖者會在這裡休息、療養。中世紀時這裡曾有高達20幾間提供給朝聖者和窮人的醫療庇護所（僅次於當時的布爾戈斯），到了18世紀時整併成4間，其中最有名的Cinco Llagas也持續以醫院的方式營運至今。

← 高第設計的主教宮，現為朝聖博物館。

⬆ 主教宮內部的空間及設計。

⬆ 阿斯托加教堂。

　　而城內最重要的建築物，就是高第設計的主教宮（Palacio Episcopal de Astorga），位於聖母馬利亞大教堂旁。原本的主教宮在19世紀時發生火災，當時主教Joan Baptista Grau i Vallespinós便請家鄉的兒時朋友，也就是世人熟知的建築師高第設計現的主教宮。主教宮興建於1889年，屬於新哥德式建築風格，高聳的圓柱與細長的尖頂，搭配花崗岩建材與彩繪玻璃，風格既古典形狀上卻又頗為現代，建築曾在1893年主教過世之後面臨停工，直到1907到15年間由其他設計師蓋瑞塔（Ricardo Garcia Guereta）接手完成。現在的主教宮為朝聖博物館，展示朝聖之路上的歷史和文物典藏。

　　在大教堂旁有一座封閉的建築物，只有留下一個鐵窗（Celda de las Emparedadas），據說這裡14世紀時關押犯了世俗之罪的女子，她們不能外出只能待在室內不停地禱告、懺悔，而鐵窗是唯一可以看到外面的設施，有些路過的朝聖者會透過鐵窗向內遞食物給她們。這裡刻著一段警世的標語：「Memor esto juditti mei, sic enim tuum. Mihi heri et tibi hodie.」意思是：「想想我的狀況，你可能也會跟我一樣，昨日的我，是今日的你。」

鐵十字架
Cruz de Ferro

👆 即將前往鐵十字架的山區景色。

　　鐵十字架位於海拔1500公尺的山上，是法國之路中最高的地方。在凱爾特人時期這裡當作祭壇使用，羅馬時期用來標示兩個不同地區的邊界，到了11世紀此地設置了十字架。高達五公尺的木桿加上頂端的鐵十字架，是朝聖者在山中的指標，尤其在下雪時更是指引方向的燈塔。（中世紀的鐵十字架存放在阿斯托加的朝聖者博物館中。）

　　傳說聖雅各在伊比利半島傳教行經此區域時，看見異教徒在這裡進行獻祭儀式，對主事者感到憤怒，也對受害者感到同情，他向主祈禱尋求幫助後，從口袋拿出一塊從耶路撒冷帶來的石頭丟向異教徒祭壇，祭壇便如神蹟般打碎成千塊石頭，日後就在這個曾出現神蹟的地方設立了十字架。

　　傳說是否為真已不可考，但至少可以確定的是，鐵十字架的傳統確實存在。朝聖者會從家鄉帶著一塊石頭，翻越庇里牛斯山，行經梅塞塔高原，歷經身體的苦痛、內心的掙扎煎熬，藉由無數的教堂洗禮，透過不斷思考對話的過程，在走到這裡時放下石頭，象徵去除過往的負擔或內心的執念。

　　不論是不是教徒，這是在法國之路上非常具有精神性、令人感動的一刻，旅途上朝聖者已完成了四分之三的路程，即將邁入最後階段；心境上也會產生些許轉變，星野聖地牙哥不再是遙遠的未來，促使朝聖者思考：「我擔負著什麼？我放下了什麼？」

　　而接下來通過曼哈林，前往莫利納塞卡（Molinaseca）的陡峭下坡之路更是痛苦得讓朝聖者感觸良多。

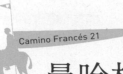

曼哈林
Manjarín

庇護所：Refugio de Manjarín

🕐 全年（視托馬斯的狀況而定），提供簡單晚餐、早餐
🛏 35　💲 自由樂捐

　　距離鐵十字架山頭2公里後會經過一幢平房，門口立著琳瑯滿目的牌子和寶劍，屋內則掛滿各式旗幟和裝飾，就算不在這裡過夜，也可以進來買個飲料在山上好好休息一會或跟托馬斯（Tómas）聊聊天。托馬斯在1986年走過朝聖之路，當時附近住處很少，山上冬季很冷，於是決定在曼哈林建造這座休息站兼庇護所。當朝聖者在口渴或是飢寒交迫時就會感受到這裡的重要，也讓曼哈林成為法國之路上獨特的一人村莊。身穿十字騎士服裝的托馬斯，自詡為最後的聖殿騎士，為入住庇護所的朝聖者舉行特別的古老歡迎儀式並烹調晚餐。

　　由於山上資源有限，這裡的庇護所非常簡陋，沒有沖水馬桶、無法洗熱水澡，毛毯也不太乾淨，原始、從簡、粗糙、稀奇古怪是這裡給朝聖者的印象。然而對於資深朝聖者而言，撇開設備因素，這裡簡直太迷人了！早上當我抵達曼哈林時，在庇護所的入口處遇到一對朝聖者夫妻悠閒坐著畫圖喝茶，他們已經來這個庇護所住三次了，每次都感到非常滿意。我們常說「朝聖之路的精神」（Camino Spirit）大概就是像這樣，一個充滿溫度和靈魂的地方，感受到身為朝聖者的被愛和被保護，帶給朝聖者美麗的山景和無限的回憶。

　　據說近年托馬斯的健康狀況不佳，冬天會回鎮上和家人住，但動完手術身體稍恢復後行有餘力仍會回到曼哈林，想必他對朝聖者充滿愛和關懷，就如中世紀的聖殿騎士團，將保護朝聖者翻越群山安全抵達下個城鎮視為重要使命。

曼哈林充滿各式奇異的標幟和各種騎士元素。 ↗
托馬斯正在為到訪的朝聖者進行某種祈福或治療儀式。 →

→

朝聖生活即將到期的焦慮

　　法國之路進行到第三週，體力已經能夠負荷一天30公里以上的距離，不再為水泡所苦，習慣了朝聖者隨著日出日落而調整的作息，也懂得在平淡無奇的步行生活中找樂趣，然而此刻的心態卻有些矛盾，一來是期待進入聖地牙哥的那一瞬間，另一方面卻是不知如何面對抵達後的現實生活。

　　許多朝聖者帶著對人生的疑問上路，以為在這漫長的旅途中足以思考出癥結所在，或是祈求上天讓自己得到方向，眼看著只剩一週就會抵達聖地牙哥，得到收穫了嗎？心想事成了嗎？可以心滿意足搭上回程班機了嗎？

　　當時我的內心渴望暫時脫離生活圈，逃避對工作的彈性疲乏。而一個月的法國之路恰好讓我能短暫遠離一切，檢視自己這些年來的成長和現階段的停滯。

　　「我想要什麼樣的人生？我要為什麼樣的生活努力？朝聖之路快走完了我怎麼還沒有改變？」在進入最後三分之一的路程時，我發現這些問題都還沒有得到解答，不由得開始感到焦慮。內心想著如果人生也能夠像在朝聖之路上，沿著既定路線上的黃箭頭向前邁進，不需擔心走錯路，那麼一切就簡單多了。

　　這段期間，我連續三個晚上都做了返回現實生活的夢，夢到在工作上被客

人指著鼻子罵；夢到跟朋友聊天被問及最後一段路的感想，但那段記憶完全空白就已回到台灣讓我恐慌；當我驚醒，發現自己躺在庇護所的床上，伴隨著同寢室朝聖者們此起彼落的打呼聲時，頓時間感覺到輕鬆和自由。我似乎找到了自己的壓力源，雖然還沒得到實質的收穫，但至少開始理解和意識到這件事，再來就是我該付諸行動做些改變的時刻。

　　有所體會後，我才發現人生面臨疑惑來走朝聖之路，並不是要奢求上帝給出一個確切的答案，或讓上天告訴自己該怎麼生活，而是在這段路程中學習面對自己的勇氣，不管是檢視自己的脆弱和厭惡，或是摒棄腦中的雜念回歸自然簡樸。這條路給朝聖者機會，聆聽來自不同國家、不同年齡層的人生歷練，放慢生活步調欣賞大自然風景，讓人為那些平時常忽略、微不足道的小事動容，像是打從心底感謝一杯美味的紅酒，感謝天上飄來一朵遮陽的烏雲，感謝被暴風雨淋濕時山上店家準備的暖爐。

　　和一個連續三天遇到的從義大利出發的朝聖者邊走邊聊，跟他說起我這幾天的夢，對路上尋人啟事的疑問等等。因為他要繼續趕路，我們在El Ganso一起喝杯咖啡後道別，離開前他問我：「當妳抵達聖地牙哥的時候，會覺得開心還是難過？」

　　「可能一半一半吧，到達聖地牙哥或是喜悅山頭[8]我應該會哭，開心是因為終於走完了，難過也是因為走完，要回去面對真實世界了。」

---

8 其實當下義大利朝聖者給予我對喜悅山頭（Monte do Gozo）的期待敲了一記醒鐘，他只說了：「喔，那裡呀，電影把它拍得太好了，讓大家以為可以從山上看到聖地牙哥大教堂，但現在聖地牙哥舊城已經被現代的商業化建築物蓋住了。」的確，當我最後一天從喜悅山頭發呆望向目的地時，我只看到教堂的兩座尖塔，至於從哪裡可以遠眺聖地牙哥呢？請看Part 7世界盡頭之路。

龐費拉達
Ponferrada

比耶索博物館

$ 2.7歐元

🕐 夏季週二至六10am-2pm及4.30pm-8pm，週日10am-2pm；冬季週二至六10am-2pm及4pm-6pm，週日10am-2pm

休 週一

　　龐費拉達城鎮的名稱來自拉丁文的pon和ferrata，各自代表橋與鐵的意思，因此又稱鐵橋城。主因是1082年，阿斯托加的主教決定在這裡用鐵為建材強化通過錫爾河（río Sil）的橋樑，幫助往來的朝聖者安全抵達星野聖地牙哥。

　　進入龐費拉達時，可看到一座醒目的聖殿騎士城堡（Castillo de los Templarios），在凱爾特人和羅馬時期，這裡曾是具有防禦性質的軍事堡壘。到了1178年，萊昂王國的費南多二世將龐費拉達指派給聖殿騎士團（Knights Templar）後，他們於1218至82年間建造了這座大型城堡。聖殿騎士團屬於中世紀組織，1099年第一次十字軍東征成功征服耶路撒冷後，有鑑於歐洲往來聖地的路途中常有盜匪出現，因此負責保護前往耶路撒冷朝聖者安全的騎士團便應運而生。在初期這是只有9人並且依靠捐款的貧困組織，隨著有力人士的號召，騎士團收到來自貴族或商人的捐款和土地。1139年，教宗甚至頒布特許，聖殿騎士可自由進出邊界、不需賦稅，只聽命於教宗。

聖殿騎士城堡

$ 遊客6歐元，朝聖者4歐元

🕐 除特殊節日外每日開放，夏季9am-9pm；10月中後10am-2pm，4pm-6pm

龐費拉達醒目的聖殿騎士城堡。➡

城門與城牆。 →

　　聖殿騎士團也發展出類似現代銀行的體系，例如當有貴族要參與十字軍東征，他們會先將財產托付給聖殿騎士團管理。還有1150年開始發行的信用證，則是朝聖者在出發前先存放一筆資金給聖殿騎士，待抵達時領出等價的費用，以避免朝聖旅途中因帶著太多資產而被山賊、海盜洗劫。而騎士團則可將收到的金錢或捐款用於購買土地如農莊、葡萄園，或是建造城堡、教堂。因此在兩百多年間，聖殿騎士團從法國擴及至歐洲和中東各地，累積了不少財富，形成一股龐大的經濟勢力。

　　然而在14世紀初，聖殿騎士團的存在對皇權造成威脅，於是1307年10月13日星期五，法國國王菲利普四世指控聖殿騎士是異端，加以逮捕並處以火刑，這也是為什麼13日星期五被視為不祥之日的其中一個原因。除了法國的騎士受到極刑審判外，其餘地方處理方式較為溫和，例如吸收至其他軍隊、或是另組騎士團等。而聖殿騎士團的勢力到1312年徹底瓦解，土地遭到沒收，例如龐費拉達這座城堡就是在幾任君主和貴族間不停轉手。

　　想一睹中世紀的騎士精神以及輝煌時刻，除了參觀聖殿騎士城堡，欣賞其中的文物以及收藏的手抄本外，也可另外參觀城內另一個由16世紀監獄改建的比耶索博物館（Museo del Bierzo），其中有這座城市從前羅馬時期到聖殿騎士團不同階段的介紹。

皮耶洛斯
Pieros

⬆ 皮耶洛斯鎮上的特色小店。

　　從卡卡貝洛斯（Cacabelos）出發2公里後，即會抵達皮耶洛斯這個小地方，一開始我只是想找個酒吧吃早餐，想不到走進店裡後，被這裡的室內裝潢及舒適氛圍吸引得捨不得離開。店主身後的木製工作檯是他們夫妻共同設計打造的手工作品，店內空間從餐桌到室內設計以及廁所裝潢都讓我留下非常深刻的印象。當我第二次踏上法國之路時，原想再訪這間特別的小店，不過下午抵達時已關門休息，倒是後面的庇護所讓我駐足了一段時間，質樸的木質風格空間，綠意盎然的舒適庭院，以及三兩朝聖者面容平靜地從冥想室走出來，這種生活幾乎完全符合我心目中理想的朝聖生活樣貌：住在奇特有品味的地方，享受悠閒午後，不為外在因素如村莊太小怕無聊等這類事情所牽絆。

　　晚餐方面，可選擇訂購庇護所提供的素食朝聖者套餐。一般而言，西班牙的素食選擇其實不多，不外乎生菜沙拉與烘蛋，然而當店主本身是素食主義者時，就會了解同樣族群兼顧營養和味道的需求。朝聖路上，我吃到的庇護所提供的素食餐點在烹調上都比一般朝聖者套餐用心許多呢！

庇護所：Albergue el Serbal Y La Luna
🕐 3月中到11月中　🛏 18
💲 住宿5歐元，晚餐10歐元、早餐4歐元另計

小鎮上的庇護所el Serbal Y La Luna。➡

這附近的小鎮都讓人非常喜歡，例如2公里前的卡卡貝洛斯是個可愛的小鎮，有許多美麗的小店和午後放鬆的好去處——到河邊玩水；而皮耶洛斯之後5.8公里的比耶索自由鎮（Villafranca del Bierzo），則是2019年韓國綜藝節目「西班牙寄宿」的拍攝地。11世紀阿方索六世執政期間，法國克呂尼（Cluny）修會在此發展，當時就已成為繁榮的小鎮，有不少重要的古蹟。

↓ 比耶索自由鎮的庇護所與修道院San Nicolás el Real。

歐賽伯雷洛
O Cebreiro

　　進入加利西亞地區後面臨的第一個挑戰，就是海拔1300公尺山上的歐賽伯雷洛村莊。先前路上看到的中古世紀風格的小鎮建築，在這裡則被茅草屋「pallozas」取代，這種建築源自於凱爾特人時期，圓形或橢圓的屋子由石板搭建而成，配上茅草覆蓋的屋頂，在西班牙西北部尤其常見。現今的歐賽伯雷洛有九座這類型的茅草屋，其中有兩座改建為博物館，供遊客參觀欣賞屋內構造。

　　歐賽伯雷洛的聖母馬利亞教堂，14世紀初時發生了一個著名的神蹟。有個虔誠的村民胡安（Juan Santin）每場彌撒必定出席，有天村莊下起了暴風雪，但是胡安還是不畏氣候嚴寒抵達教堂，此時牧師只想著：「那個人又來了，真累人，還不是為了點麵包和紅酒。」結果等到彌撒結束的發放聖禮時間，紅酒和麵包竟變成了血與肉！這讓牧師悔悟自己的信仰不夠堅定才會以為村民是為

↑ 爬上山頭後，朝聖者邁入最後一個階段：加利西亞地區。

↑ 凱爾特人時期的奇特建築「pallozas」茅草屋。

↑ 歐賽伯雷洛教堂的外觀及內部。

伊里雅斯神父的雕像及紀念碑。 →

了貪小便宜而來。1486年，國王聽聞此奇蹟，便贈與教堂兩個聖杯存放神蹟留下的血與肉。

　　和現代朝聖者較有關聯的不是神蹟，而是一個小故事。曾在這個教區服務的伊里雅斯神父（Don Elías Valiña Sampedro，1929-1989），發表許多跟朝聖之路有關的論文著作，1984年出版了聖地牙哥朝聖指南，也致力於歐賽伯雷洛村莊內茅草屋的保存，而他最著名的「作品」，則是每個朝聖者在路上跟隨的黃色箭頭。19、20世紀時，朝聖之路並不像現代受到重視成為旅遊風潮，神父便開始構思如何讓朝聖者從庇里牛斯山一路順利走過來，他提出沿途以黃色箭頭作為朝聖者指標並在最後一百公里試行，1984年後這項計畫延伸至隆塞斯瓦耶斯到聖地牙哥，造福了往後的朝聖者遇到山路或轉彎時，免於迷路的疑惑。因此聖雅各朝聖之路能夠在現今仍受到歡迎，伊里雅斯神父可說是當代最大的功臣之一！

薩摩斯修道院
Mosteiro de San Xulián de Samos

　　前進距離聖地牙哥前118公里的小鎮薩利亞（Sarria）有兩條路線，一條是 San Xil方向，另一條則是往南繞路5.5公里的Samos方向。前者可以體驗到加利西亞山區綠意盎然美景和寧靜山中氛圍，沿途經過的私人庇護所Ecológico El Beso（位於特里亞卡斯特拉〔Triacastela〕2公里後）和自由樂捐的朝聖者休息站Respira Y Disfruta、山中藝廊La Casa Del Alquimista，在山中喝杯咖啡並且欣賞屋內藝術作品等，都是非常有特色的地方。

　　而另一方向的薩摩斯修道院，在朝聖之路上則是著名的古蹟景點，這座修道院最早起源於西哥特時期的6世紀，在摩爾人入侵伊比利半島時一度遭到廢棄，不過當阿斯圖里亞斯王國進行收復失地運動，到了西元760年佛魯埃拉一世（Fruela I）時期，此地又恢復了使用。佛魯埃拉一世後來遭暗殺身亡，他的遺孀和年幼兒子，也就是後來擅長作戰的國王阿方索二世（Alfonso II），曾經住在薩摩斯修道院避難。

庇護所：Albergue del Monasterio de Samos

🕐 全年　🛏 70
💲 自由樂捐，下午可參加修道院導覽，費用4歐元

← 在特里亞卡斯特拉小鎮盡頭有兩條路線，往左走是前往薩摩斯修道院的方向。

修道院包含兩個建築群體，第一個較大的修道院連接著聖物收藏室和教堂，是17世紀末的建築，直到18世紀中期才完工。這座修道院共有3層樓，每一面都長54公尺，是修道院建築中的大型迴廊，中庭則有對此地貢獻傑出的Feijoo神父雕像。另一座相連的修道院是16世紀的哥德式風格，中庭的海洋女神噴泉則是18世紀巴洛克式設計，整座修道院值得用半天時間好好參觀。

　　薩摩斯修道院曾在1533和1951年歷經嚴重火災和重建，以及1835年西班牙的教會沒收運動[9]、教士遭到驅逐、修道院荒廢等歷史，所幸在1880年，本篤會的12名修士回到此地，帶回豐富的圖書館藏，直到現在都還有修士在這裡奉行聖本篤在深山偏僻之地進行清寒、簡樸、自律的教規生活。此處也有一部分改建為庇護所和旅館，經過14個世紀以來屹立不搖的古老修道院風采，值得喜愛中世紀文化的朝聖者前來一探究竟。

⬆ San Xil方向上的朝聖者補給小站Respira Y Disfruta，環境非常清幽。

⬆ 薩摩斯修道院的外觀、中庭與建築群體。
照片提供：楊子興，© Tzu-Hsing Yang。

---

9 Mendizábal，教會和修道院的財產被徵收或私有化。

喜悅山丘
Monte do Gozo

　　喜悅山丘高度370m，是距離目的地星野聖地牙哥最後5公里的一座山頭。沿著斜坡上有一座大型公立庇護所，床位多達400個。

　　在電影裡，喜悅山丘是能從遠方眺望聖地牙哥大教堂的地點，但現今因為聖地牙哥周遭城鎮的發展，教堂景觀已被水泥建築所包圍。這裡不能錯過的是1993年由加利西亞雕塑家Acuña製作的朝聖者群像，佇立在山頭上的雕像高達2

↓ 喜悅山丘的紀念公園占地廣大。

朝聖者雕像遙望著不遠處的星野聖地牙哥大教堂。

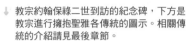
教宗約翰保祿二世到訪的紀念碑，下方是教宗進行擁抱聖雅各傳統的圖示。相關傳統的介紹請見最後章節。

公尺，象徵著朝聖者行經至此望向遠方的喜悅，也代表著朝聖之旅邁入最後階段的里程碑。

　　朝聖之路即將結束的時候，會是開心還是難過？遙想著上路之初身體所感受到的苦痛、炎熱太陽的燃燒、在大城市迷失的彷徨和挫折感，一切的因素都有可能讓朝聖者中途離開或放棄，然而唯有歷經口乾舌燥之際大口喝下可樂的暢快、旅程中得到些許的關愛或幫助、日復一日透過步行感受對生活的覺察，才得以體會任何一件小事都讓朝聖變得有意義，任何一個偶然的瞬間都會讓人以為是奇蹟，我想這就是這條路對於不管是否為天主教徒的朝聖者都充滿吸引力的原因吧。

→

哪裡才是舒適圈

　　有一些人會把聖雅各之路形容成是一趟脫離舒適圈、踏上勇氣之路的冒險旅程，在不同個性和旅遊偏好中，每個朝聖者有各自在意的面向。例如，對於淺眠的人來說，能不能在庇護所擁有優良睡眠品質，不受其他人打呼聲干擾是一大挑戰；對於很少下廚的人來說，如何快速煮好美味一餐也是一樁大工程；對於尚有工作在身的人，如何請到一個月的假期；已屆退休人士，要怎麼應對遠方家裡的緊急事件，無後顧之憂地進行這趟旅行。這一條路上不管是語言溝通、個人體力調整、公用衛浴這些可大可小的事情，都是朝聖者津津樂道的話題。

　　離開自己的居住地，體驗跟亞洲文化差異甚大的西班牙風土民情，在出發前每個朝聖者都躍躍欲試。網路通訊發達的現代，隨時都可以聯絡上遠端的親友，不想被干擾時還可以推給時差、鄉下收訊不好。西班牙雖然遙遠，但也不至於與世隔絕。要說會不會想家，除了飲食習慣和家裡的貓咪們外，其實我並沒有太多的思鄉情緒，反而是習慣這種悠哉生活後，對重回忙碌的工作崗位感到有點緊張。

　　這裡悠閒的生活步調，適合懶洋洋的我；西班牙的陽光，曬乾我煩悶生活

五度踏上朝聖之路，在庇護所遇到最奇特的打呼聲無法入睡，因此首度嘗試睡在戶外，或許就是在此時開始被床蟲纏上。

累積的厭世情緒；身體的勞累，讓我無法煩惱遙遠的未來；走路、休息、洗衣、午睡、吃飯的重複循環，紓解了我對生活的彈性疲乏；走完一次聖雅各之路，就好像充滿電一樣，得到能量後回家繼續努力工作，感到無力時就著手計畫再訪的時機。

我常覺得，走過一次聖雅各之路後，固定再度回來的朝聖者們，想必得到跟我一樣的症狀：當年以為自己踏出舒適圈的同時，反而另一腳踏入了這個真正的舒適圈。在這條路上可以盡情發呆、無所事事；可以結識朋友，也可以享受獨行。雖然不是每個人都為了懷古思幽才踏上這條路，但每當讀到西班牙中世紀歷史，並在後來的聖雅各之路上獲得驗證，想著我們和中世紀的朝聖者正在進行相同的旅程，經過相同的城市，心中便充滿感動。後來我更發現在這裡，很容易接近到不同國籍、價值觀卻與自己相近的人，討論各自的人生體悟，聆聽各自遇到的困境，尋求不同角度的答案。當對己身文化瞭解越廣，就越能從他人身上得到反饋，把來自其他國家的人文思想吸收內化成自己的獨特價值，這件事情隨著年紀增長，更能深刻地體會。在這條路上朝聖者不分地位階層，不需要職稱，所有人的目標一致，就算每個人用各自不同的步伐才得以

抵達聖地牙哥，然而在終點等待朝聖者的，都是一樣的喜悅和如釋重負。

　　這是一個有起點和終點的過程，在上路之初，朝聖者或許只是想帶著冒險精神挑戰自我，然而身為朝聖者不需跟人競爭速度，不需追趕別人的腳步，更不用為了迎合別人加入特定團體，累了就放慢速度，受傷就停下來休息，最後你會發現這條路上沒有特別複雜的事情，最複雜的僅止於西班牙歷史中各王國邊界消長、阿方索王位的傳承、萊昂及卡斯提爾王國的聯姻合併，以及源遠流長的皇室族譜。

朝聖之路上的各種風景，有古城、麥田、葡萄園及山區景致，每走一趟朝聖之路，總能在這些美景中得到滿滿的能量。

→

抵達聖地牙哥

　　抵達聖地牙哥的前一晚，我住在喜悅山頭上的公立庇護所，打算隔天再好好享受最後的五公里。坦白說，最後一段加利西亞山區的景色並沒有令人非常驚豔，儘管前兩個禮拜走在枯黃的梅塞塔高原時，非常期待山區綠意的到來，但不知道從什麼時候開始，身為朝聖者突然在某個瞬間有了領悟：「不管景色如何，路還是要走下去。」自此之後，視覺風景似乎不是最重要的事了。

　　此時的朝聖者臉上多了些從容和自信，周遭的景物變換，夥伴離開，也不會有所動搖。因為聖地牙哥已經不是遙不可及的目標，而是一個再兩三天就可以輕鬆抵達的城市。

　　習慣了在卡斯提爾與萊昂間的廣袤大地獨遊數週，一旦到達薩利亞，便非常不能適應那種人滿為患、熱鬧奔放、媚俗商業化設施的朝聖路。這裡是法國之路上距離聖地牙哥118公里的小鎮，許多人從此處開始朝聖，一天蓋兩個章，抵達聖地牙哥時就可以換得一張星野證書。如果朝聖路上有身分階層之別，那想必不是職業類別，也不是年薪高低，而是「你從哪裡開始走」。從薩利亞開始走的人會附帶一些理由，好比「我的假期不夠長」、「我不確定我體力夠不夠走一個月」、「我只找得到這一段的資訊」，否則會被其他老生常

抵達聖地牙哥的此刻，
心情卻是空虛複雜。

談、見過大風大浪的朝聖者說：「我覺得很可惜，因為這條路上最精采的不在最後這一百公里。」而那些從布爾戈斯、萊昂走來的人，少說也走了超過半個月，姑且能算在同一陣線上。

此時如果被問到「那你呢？從哪裡開始？」這時朝聖者便會帶著堅定和些許驕傲的語氣說出「聖讓皮耶德波」，來讓其他人讚嘆。但有時來自這個庇里牛斯山小鎮的朝聖者也會踢到鐵板，例如遇到的回答是「德國、荷蘭、義大利」等等，效法中世紀朝聖精神，從自己家門前出發的歐洲朝聖者，彷彿站在金字塔的頂端，是朝聖者世界的高端層級，接受其他人欣羨崇拜的目光。

不管如何，抵達聖地牙哥的那一刻，不必分你我，大家都是長途跋涉而來的朝聖者，坐在教堂前的歐伯拉多依羅廣場（Praza do Obradoiro），聽著迴廊傳來的風笛樂聲，此刻的感覺如何？既喜悅又感動，自己達成了一個目標，做了一件值得自豪的事；但也可能是空虛又落寞，沒有了黃色箭頭，頓時失去了方向感，抵達的畫面也沒有像電影上演的史詩般旋轉和空拍運鏡那樣炫目迷人。除了有些人有既定行程，知道自己明確的下一步，繼續前往世界盡頭或是接著在其他國家旅遊，剩下的朝聖者，就是按照現實人生的劇本坐在這裡，兩

眼無神、徒增迷惘罷了。

在教堂前回想著路途上的日常，儘管思鄉但也沒有特別想回家的衝動，覺得失落但也懶得走得更遠，身為朝聖者的我內心充滿各種矛盾，這種憂愁又迷惘的心情只有經歷相同的人才能理解。後來我才發現，在這條路上要有信仰的人才會走得長久，有些人的信仰是宗教，他們藉由朝聖、奉獻、分享等各種方法實踐教義，而對我這個天主教門外漢而言，我最大的信仰就是「聖地牙哥」這座城市，因此我才會在抵達終點後，深刻感受到悵然若失。

事實上，整個城市不是只有我一個朝聖者覺得迷惘。如果你在歐伯拉多依羅廣場稍坐片刻，可以看到不少人望著教堂寫日記、發呆，看著新到來的朝聖者在教堂前與同伴擁抱，拍攝團體照。坐在迴廊的人，街上喝咖啡的人，領取星野證書的隊伍人龍裡，都有你覺得眼熟的夥伴，這些人或許跟你說過Buen Camino（一路平安），或是曾經在庇護所睡在你附近床位，也可能在下大雨的歐賽伯雷洛山上，和你同時擠在暖爐前取暖，而他們也正在跟你做相同的事：找尋熟悉的朝聖者臉孔，彷彿在大浪捲起時抓緊浮木。這個世界曾經看起來很大，實際上卻不然。聖地牙哥是一座連接眾多朝聖者情感的城市，當你剛

抵達的前幾天，隨便在城中漫步都能遇到認識的人，但再過兩天，換上另一批朝聖者賦予她另一種面貌，而你是一種新陳代謝，漸漸地被推離至越來越遠……

大教堂內即將開始進行朝聖者彌撒。

※ 更多相關介紹請見Part 8：星野聖地牙哥

PART 4 葡萄牙之路 中央線

〔全程〕若以里斯本為起點，全程約611公里。多數人從波多 （Porto）開始，行走中央線總距離約240公里，海 岸線全程經維戈（Vigo）則是300公里。

〔天數〕從波多出發走中央線大約10至12天。

SANTIAGO DE COMPOSTELA
星野聖地牙哥

PADRÓN 怕德隆
HERBÓN 埃爾本修道院
PONTECESURES
蓬特塞蘇雷斯

PONTEVEDRA
蓬特韋德拉

SPAIN
西班牙

維戈 VIGO
拜奧納 BAIONA

TUI
圖依

VALENÇA
瓦倫薩

RUBIÃES
盧比埃什

PORTUGAL
葡萄牙

PONTE DE LIMA
蓬特迪利馬

BRAGA
布拉加

BARCELOS
巴塞羅什

VILA DO CONDE
札迪鎮

GUIMARÃES
吉馬朵斯

PORTO
波多

COSTAL WAY
CENTRAL WAY
BRAGA WAY
VARIANTE ESPIRITUAL

概要 葡萄牙之路是一條路線選擇多元的朝聖路，從波多開始路線分為中央線、海岸線、布拉加路線（Braga Way）。後面階段從蓬特韋德拉（Pontevedra）到帕德隆（Padrón）直線距離40公里，其中有一條名為性靈之路（Variante Espiritual）的替代路線，比傳統直線前進多一天，最特別的是可從烏亞河口搭船到帕德隆附近小鎮再繼續前行，傳說裝著聖雅各遺體的石棺就是搭船經此路線上岸進入西班牙。

另外，行走葡萄牙之路的過程中，伴隨著前往聖地牙哥方向的黃色箭頭指標，常常能看到藍色的反方向箭頭，那是往南走向葡萄牙境內的天主教聖地法蒂瑪（Fatima）路線，有些天主教徒在抵達聖地牙哥後會繼續走向法蒂瑪，全程共462公里。

⇩ 路上的加利西亞穀倉（hórreo）。　　　　　⇩ 葡萄牙之路上的羅馬式古橋。

Fatima原是阿拉伯語的女性名字，伊斯蘭教先知穆罕默德之女就名叫法蒂瑪。在收復失地運動時期，摩爾人王國的公主法蒂瑪被基督教軍隊俘虜後受洗為基督徒，因此法蒂瑪也成為該地名的由來。1917年，聖母曾在法蒂瑪顯靈，有三個牧童從5月13日開始，每個月13日的同時間都看見聖母馬利亞降臨，並要他們誦讀《玫瑰經》，這件事情引發大人們懷疑甚至還把牧童關了起來。不過消息傳開後還是吸引許多人聚集到法蒂瑪，在10月13日有7萬人一同見證當地下大雨後，突然出現大太陽和天空異象，信徒和群眾全身濕透的衣服快速變乾，不少人相信這確實是難以用科學解釋的現象。1928年，當地因此開始興建聖母教堂，至今有許多天主教信徒會到此地朝聖。2017年是聖母顯靈100週年，5月到10月朝聖活動最為熱鬧。

適合季節 葡萄牙之路四季皆有不少朝聖者行走，唯性靈之路支線烏亞河口路段在冬季無船班須特別留意。

⚓ 葡萄牙之路上的藍黃色箭頭並行，黃色向北朝向星野聖地牙哥，藍色向南為法蒂瑪（Fatima）方向。

法蒂瑪聖母教堂2017年舉辦百年紀念活動的場景，圖片提供：法蒂瑪聖母教堂媒體資料中心，
© Shrine of Fatima Archive, Multimedia Archive。

重新學習當個朝聖者，
從波多出發

葡萄牙之路在眾多朝聖路線中，熱門程度僅次於法國之路。對於初次上路的朝聖者，還是已經走過法國之路或其他路線的朝聖者，從波多開始行走這條路的天數並不長，前後大概只需要14天左右，對於仍在職的上班族或無法離家太久的人最適合。加上這條路線的行走難度並不算高，又能用一趟旅程就體驗到伊比利半島上兩個不同國家的文化，不少人會將葡萄牙之路視為繼法國之路後的另一個選擇。雖然從葡萄牙首都里斯本出發的朝聖者並不多，不過里斯本到波多這段人煙稀少的路程被視為一趟成為真正朝聖者的磨鍊之旅，因此若在途中分別遇上從里斯本、波多、瓦倫薩（Valença）或圖依（Tui）[10]來的朝聖者，仔細觀察便能從眉宇神情、談話方式中感覺出他們各自擁有不同的朝聖者氣質。

我在這趟朝聖之旅選擇從波多出發並走中央線一路向北前行，原因是中央線會經過幾個我感興趣的葡萄牙城市，也較有機會在葡萄牙的森林和山上健行，因此我沒做太多比較就往中央路線出發。

離開波多市中心的中央線朝聖路，沿途景觀實在不算有趣，有著大城市周遭都有的共同問題：缺乏大自然美景，也沒有雄偉的建築造景。大城市的外圍大多是相差無幾的住宅區或工業區所組成，在中央路線上沿著寧靜的住宅區上坡前行，累的時候沿著公車亭休息，有些朝聖者索性搭上公車離開新城區，才開始能夠看見小鎮或農地，回歸大自然景致。

10　分別是葡西境內離100公里處最近的城市，從這裡開始朝聖者人數大量增加。

當我出發前規畫行走距離時，多是憑著過去法國之路的經驗為標準，葡萄牙之路上的前三天我分別計畫走24公里、29公里、33公里。紙上談兵時覺得這樣的距離對有經驗的人應該不難，然而實際上路後才第一天就備感疲勞，跟庇護所的其他朝聖者聊天時，他們道出了箇中原因：沿途的鵝卵石（cobblestone）路面不太好走。雖然這種石頭路面難度不至於像羅馬或其他歐洲古城那樣，行走在高底起伏的圓形鵝卵石上，但葡萄牙境內的石頭路長時間行走下來也沒有想像中來得輕鬆，因為它並不是完全切齊成平面，而是呈現不規則的輕微高低變化，若沒有適度休息，走一整天下來，腳底板不由得隱隱作痛。

當我沿途思考為什麼短短的24公里對我不再容易了？在庇護所和其他朝聖者聊天後才突然意識到，我不能再一直複製上次朝聖的經驗或感受，與其說是第二次來當朝聖者，不如調整心態重新再當一次朝聖者，體驗剛上路的興奮，對鄉間小路的徐徐微風、樹上的蟲鳴鳥叫感到新奇，以及不再高估自己的體力，好好聆聽身體前進的適當節奏。走過一次朝聖路，或許會知道自己一小時可以走五公里，可以承受背包多少重量，但是不同的城市路線、不同的國家，甚至不同的路面，都是沒有體驗過就難以計算的變數，這一切彷彿在告訴我：忘記過去那些限制你的成見和印象，才能得到一趟嶄新的旅程和自己。

 波多（Porto）的市區街景與美麗街道。

杜羅河畔的沿岸風光。

波多相關景點介紹

✳ 波多主教座堂
Sé do Porto

波多主教座堂

💲 3歐元，含大教堂內文物收藏、迴廊及塔樓

🕐 夏季9am–6.30pm；冬季9am–5.30pm；塔樓於營業結束前30分鐘停止入場

🚫 12/25、復活節、宗教節日

　　建於1110年左右的羅曼式建築，教堂經歷多次翻修，也另外混合巴洛克式、哥德式風格，外觀看起來樸素，但內部華麗的浮雕、祭壇、彩繪玻璃裝飾都很值得參觀，朝聖者可在此處辦理朝聖者護照，參觀大教堂的文物收藏及迴廊門票3歐元。

↑→ 波多主教座堂的外觀與內部。

✳ 聖本篤車站
Estação de São Bento

　　車站的前身是16世紀的聖本篤修道院，19世紀末荒廢後在20世紀初改為火車站，站內的裝潢由畫家科拉索（Jorge Colaço）設計，以兩萬片藍色瓷磚鋪成，講述了葡萄牙的歷史和生活文化。

⇧ 佈滿藍色磁磚的聖本篤火車站。

✳ 路易一世鐵橋
Ponte Dom Luís I

　　連結波多的新舊城、跨越杜羅河的雙層鐵橋，1881年開工，1886年啟用，上層供行人、輕軌電車使用，下層則是一般車輛。此處搭配杜羅河沿岸的風景，不管是夕陽或是夜景都非常值得停留。

⇧ 杜羅河畔的路易一世鐵橋及沿岸風光。

✳ 美好咖啡廳
Café Majestic

被譽為世界十大最美咖啡館，位於波多的鬧區。《哈利波特》作家J. K. 羅琳（J. K. Rowling）也曾經在這裡寫作，讓此地聲名大噪。店內裝潢擺設是1920年代的優雅古典風格，開始進入朝聖模式前不妨先來感受一下文人氣息。

> **Café Majestic**
> 🏠 Rua Santa Catarina 112,
>   4000-442 Porto
> 🕐 9.30am–11.30pm
> 休 週日

← 店內裝潢擺設復古的Café Majestic。

✳ 萊羅書店
Livraria Lello

同樣被譽為世界前三的美麗書店，因為J. K. 羅琳在波多旅居任教期間成為她魔法世界的靈感來源，如今也是觀光客和書迷的朝聖景點。木製書架、迴旋樓梯，來到這裡像走進奇幻電影的場景。想參觀書店需購票入場。

萊羅書店

ⓢ 5歐元，票價可折抵購書費用
🏠 R. das Carmelitas 144, 4050-161 Porto
🕐 9.30am–7pm
㊡ 12/25、1/1、復活節、5/1、6/24

↓ 萊羅書店也成為今日波多市區內的熱門景點。

✳ 證券交易所
Palácio da Bolsa

　　前身是修道院，1832年因內戰燒毀，皇室將部分修道院土地贈與波多的商業機構成立協會和法庭。1842年開始興建證券交易所，成為當時商人簽署契約、接待外賓、交際的場地。在國家大廳的天花板可看見19世紀波多港重要貿易夥伴的國徽，除了新古典主義的宮殿式建築外，還有華麗雕刻的阿拉伯廳，由葡萄牙設計師古斯塔夫（Gustavo Adolfo Gonçalves de Sousa）花費18年設計建造而成。

↑ → 證券交易所內的氣派建築與華麗裝潢，足以見得19世紀時波多在商業和貿易的重要地位。

證券交易所

$ 10歐元，依不同語言和時段開放導覽入場

🕐 夏季9am–6.30pm；冬季9am–1pm及2pm–5.30pm

✳ 波多酒莊參觀

波多酒莊參觀

⑤ 10至18歐元，依導覽類型、試飲品項而定

🕐 多數開放時間在10am–6pm

　　杜羅河沿岸河谷是波特酒產區，波特酒氣味香甜濃郁，比起一般葡萄酒濃度更高，因為在製作過程中會再加入烈酒，讓葡萄剩餘的糖分停止發酵。通過路易一世鐵橋後的加亞新城區有許多可參觀的酒莊，各有不同的特色，可挑選自己喜歡的類型入場參觀。

葡萄牙小城鎮：
巴塞羅什與蓬特迪利馬

　　葡萄牙之路中央線的第二、第三天，會經過巴塞羅什（Barcelos）、蓬特迪利馬（Ponte de Lima）等城市，是旅行團會造訪但不會停留太久的地方。既然朝聖之路是一趟放慢步調的旅程，自然不容錯過漫步在這些城鎮以及過夜停留的機會。

　　避開夏季熱門的朝聖季節，在10月底的秋末踏上中央線，加上有些朝聖者走海岸路線，這幾天在公立庇護所遇到的朝聖者大概都只有五位，讓人幾乎要忘記這是僅次於法國之路第二熱門的選項。走進巴塞羅什可以看見不少公雞的大型雕像，紀念品商店也販售公雞玩偶，其來由是一位朝聖者經過此地時因遭到誣陷偷取農民養的雞隻而被判刑，朝聖者在行刑前向市政官員申訴自己無罪

⬇ 從卡瓦多河畔可看見伯爵官邸遺跡。

⬇ 巴塞洛什（Barcelos）各式各樣的公雞雕像，源自於與法國之路相似的奇蹟故事。

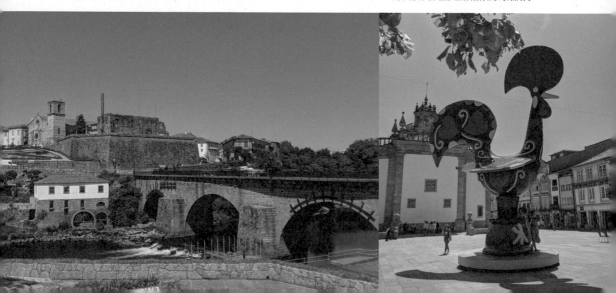

並指著官員桌上的烤雞說：「你的烤雞復活，就可以證明我的清白。」語畢餐桌上的雞突然開始啼叫，這位朝聖者也獲得無罪釋放。這個故事內容跟法國之路上的卡薩達聖多明哥版本雷同，不管是傳說還是真實的歷史事件，公雞都成了這兩個城鎮的重要象徵。

鎮上有一座名為巴塞羅什伯爵宮（Paço dos Condes de Barcelos）的古蹟，坐落於卡瓦多河畔（rio Cávado）的高處，從此處可眺望這座小城的風景。15世紀時，這裡曾是布拉崗薩伯爵（全名Afonso I, Duque de Bragança）的官邸，目前舊址上還留著貴族的家徽和城堡原始壯觀景象的瓷磚壁畫。1755年的大地震使建築物受損，城堡在18世紀遭廢棄，目前只剩下幾面牆壁和遺址內外的幾座石棺。

而在隔天停留的蓬特迪利馬，這個城鎮以跨越利馬河（rio Lima）的大型古橋樑命名，古橋其實是兩個不同時期的建築，大致上以通過橋樑後岸邊的聖安東尼奧教堂（Igreja de Santo António da Torre Velha）為界，面對教堂左邊是1世紀古羅馬時期建造的部分，規模較小，當時只有7個拱門，隨著河流的流向改變，羅馬時期橋墩處河床已乾枯。而從教堂一直到右邊河岸則是後來在中世紀時期大幅延伸的部分，於1370年完工。這座古橋總計約300公尺長、4公尺寬，共有30個拱門，分別由16個大型和14個小型拱門交錯排列。漫步在橋上其實感覺不出這座橋是隸屬於兩個時期且年代相差久遠的產物，橋下有一部分空地規畫成停車場以及民眾運動休閒的場所。

利馬河在古羅馬時期被認為是一條冥界的遺忘之河，踏入水裡即會喪失所有記憶。西元前138年，當時的布魯圖斯將軍[11]帶領軍隊行經此地，但士兵因恐懼傳說而不願過河，於是將軍便騎馬涉水到了對岸，上岸後疾呼各個士兵的名字，神話遭到破解證明此處不是冥界忘川。目前的河岸邊有一處羅馬士兵群像，當地辦活動時也會演出這段故事，可見蓬特迪利馬淵遠流長的歷史發展。

---

11 這位將軍原名Decimus Junius Brutus Callaicus（180BC-113BC），
　　在現今西班牙安達魯西亞地區以及葡萄牙北部都曾有軍事行動。

⬆ 蓬特迪利馬的古橋及羅馬將軍像。

　　蓬特迪利馬自古以來是葡萄牙南邊和布拉加方向的朝聖者匯合之處，這裡
還有兩座古老的塔樓分別為舊監獄古塔（Torre da Cadeia Velha）和聖保羅古塔
（Torre de San Paulo），屬於14世紀城市的防禦性建築，前者在16世紀用於關
押犯人，現在則是遊客中心及紀念品商店。

　　當地在每年9月的第二個週末會舉辦為期三天的大型節慶活動Feiras
Novas，這是一項從1826年就開始的傳統，結合葡萄牙的美食、音樂、舞蹈等
節目，古橋也會點燈裝飾。這段時間經過蓬特迪利馬需特別留意，最好事先預
定住宿。

　　我對這個城鎮最情有獨鍾的地方，則是進入城鎮前的梧桐樹大道，不論早
晨或是黃昏都適合漫步其中，配合著眼前的中古世紀橋樑，這座小鎮帶著典雅
又悠閒的氛圍，是這趟朝聖旅程中令人難忘的地方。

朝聖夥伴加里多

　　加里多（Garrido）是我在清晨離開蓬特迪利馬時遇到的葡萄牙朝聖者，我們一起步行的過程中，他與我分享了不少葡萄牙之路上他認為值得推薦的城鎮和庇護所。我們行經一些地方時，他可以熟門熟路地指出「這裡可以喝個咖啡，不然等下要再走幾個小時才會有商店」，我問他為何對這趟路程如此瞭若指掌，他說因為這條路他走了六次，有幾次抵達聖地牙哥後也繼續走世界盡頭之路，所以頗熟悉這些地方。

　　我提出了前兩天晚上在巴塞羅什、蓬特迪利馬的疑惑，明明這兩個地方都是頗具規模的城鎮，白天的咖啡店、街道上人群也不少，為什麼晚餐時鬧區都沒有人呢？這裡的餐廳生意都不好嗎？

⬇ 路途中經過不少尤加利樹森林。　　⬇ 下山後繼續前行，前往100公里小鎮瓦倫薩（Valença）。

加里多說葡萄牙人的生活習慣，午餐或白天時間會待在外面，但是晚餐是和家人一起度過的時間，本地人通常都在家吃飯，而這兩個城市遊客大多一日遊，然後回大城市過夜，加上這個季節朝聖者本來就不多，才會形成夜晚的冷清景象。

當我和愛爾蘭朝聖者說到這幾天在葡萄牙路上，長時間行走在鵝卵石路面容易引起雙腳不適，加里多也告訴我們這是葡萄牙鋪路的方法之一，一旦降雨水分會貯存在石頭之間的縫隙土壤中，氣溫升高水分蒸發時才不會這麼炎熱。的確，過幾天走到西班牙境內的馬路就都是柏油路面了，雖然比較好走，但高溫下可以感覺到腳底傳來陣陣熱氣。

2017年走葡萄牙之路時，當年葡萄牙6月和10月各發生一次嚴重的森林火災，出發前親友一直希望取消行程或做好隨時撤退的準備。我便詢問加里多秋初葡萄牙北部的火災是否在朝聖的路線上，加里多說這次火災範圍對葡萄牙境內的朝聖路並沒有影響，會引發這場巨大災難的根源是因為當今葡萄牙的森林種植大量尤加利樹的關係。尤加利樹是從澳洲引進歐洲的外來品種，經濟價值高、生長快速、適應力極佳，所以被林業公司大量種植，可以用於造紙、木材、提煉精油，不只葡萄牙，西班牙加利西亞地區也有大量尤加利樹森林（當年秋季加利西亞也因有人用火不慎發生過一次森林火災）。尤加利樹適應力太好又長得快，吸收多數的養分，排擠了原生樹

⬆ 前往盧比埃什的上坡路段，是中央線最具挑戰的部分。

葡萄牙境內的多數路面由此種石頭路組成。

種如橡樹、月桂樹的生長，然而尤加利樹的樹葉和樹皮擁有非常易燃的特性，因此當年的一場雷擊加上夏季高溫乾燥，導致葡萄牙的森林陷入火海危機。

加里多讓我在朝聖路上多了另一種收穫，一種更貼近當地文化新體驗，小至森林動物的排泄物、古老的水車，大至國家的林業經濟政策，加里多總能用他過去人生經驗累積的智慧帶給我路途上種種新發現。

從蓬特迪利馬走到盧比埃什（Rubiães）是17公里，多數人會在這裡的庇護所停留一天，因為當天是葡萄牙之路中最耗費體力爬山的路段。加里多不愧是走過六次朝聖路的朝聖者，體能非常好，中午稍作休息後便說要繼續走16公里到瓦倫薩。「那我應該也做得到。」抱著這種自信，我和其他已入住的朋友道別，決定跟加里多繼續出發。

不過我實在有點高估自己的體能，步行不到兩小時就後悔，最後一段路只能默默跟在後面無力說話。加里多偶爾看看我是否還安好，偶爾放慢腳步跟路邊的居民聊聊天，當我們步入瓦倫薩時已經是黃昏時刻，他手指著前方告訴我庇護所的位置後，就跟我道別要先離開了。

「加里多，你不住庇護所嗎？」我問。

「不了，我把車子停在蓬特迪利馬，現在我要坐火車回去開車再開回家，今天不是來朝聖的，只是假日來健行而已。」加里多說完，便像精靈一般輕盈離開。少了這位引領我上路的葡萄牙精靈，獨自踏入瓦倫薩的公立庇護所，面對最後100公里的眾多朝聖者，一切似乎又回到凡間。

一夕之間過了葡西邊境：
瓦倫薩與圖依

　　來到葡萄牙境內離100公里處最近的城鎮瓦倫薩，進入庇護所會對眼前景象驚訝不已：入住庇護所的人數跟前幾天大概差了十倍之多。這種熱鬧的氣氛在法國之路上並不陌生甚至有時會感到痲痹，不過在葡萄牙之路上，反而像是來到新世界，有種旅程邁入另一個開始的興奮感。

　　瓦倫薩最有名的景點是鄰近米紐河（葡文rio Minho／西文río Miño）的防禦堡壘，這座始於13世紀的軍事建築在葡萄牙王國第二任國王桑丘一世時期，用以抵抗來自北方的軍隊。12世紀末期，桑丘一世的女兒特蕾莎公主與萊昂王國的阿方索九世聯姻，但在五年後遭到教宗判定這樁婚事屬於近親婚姻因此宣告無效，特蕾莎公主在1196年回到葡萄牙王國，其父桑丘一世順勢向北進攻加利西亞的圖依和蓬特韋德拉（Pontevedra）。由於瓦倫薩[12]在地理上的攻防位置非常重要，因此在13世紀初建造了城牆、城堡。城牆內是政治、軍事的中心，牆外則是百姓農事之地。第三任國王阿方索二世時期則增加當地百姓的福祉，例如免稅特權、房屋保護等。

> **瓦倫薩博物館**
>
> $ 免費
>
> ⏰ 週二至五9am–5pm，週六
> 　 9am–12.30pm及1.30pm–5pm
>
> ⊘ 週日、週一
>
> ! 館內設施為葡文介紹

---

12 桑丘一世時期此地名字是Contrasta，直到1262年
　 由當時國王阿方索三世下令改名後才成為瓦倫薩。

🔺 舊城區內的街道景色。

到了17世紀和18世紀因為戰事頻繁，當地又強化了堡壘防衛功能和護城河，雖然歷經多次戰爭毀損，戰後都有完善修復，昔日軍事要塞成為今日邊境城市的重要文化資產，牆內的餐廳、特產、觀光商店林立。若想瞭解更多當地的歷史，可以參觀舊城區的瓦倫薩博物館（Núcleo Museológico de Valença），有史前、中世紀的當地文化樣貌，以及17世紀時防禦堡壘城牆的模型圖示介紹。

⬆ 離開舊城區，並從瓦倫薩眺望對岸西班牙圖依的景色。　⬆ 朝聖者即將踏上國際橋跨越葡西國界。

　　1882年，這條路上連接葡西兩國國界、跨越米紐河的國際橋（Ponte Internacional）動工，1885年落成並在隔年啟用，全長318公尺。19世紀末新建築風格興起，巴黎艾菲爾鐵塔、波多的路易一世大橋、巴塞隆納近郊城市吉隆納（Girona）的紅色鐵橋，都是屬於當時盛行的鋼鐵架構產物。國際橋上人車分道，朝聖者在此輕鬆漫步，遙想過去法國之路，法西兩國以庇里牛斯山為界挑戰程度之高，現在正在跨越的葡西兩國邊境真是容易許多，不需要苦行，五分鐘內即可輕鬆抵達西班牙那端，經過此地後開始進入西班牙時區（比葡萄牙快1小時）。

圖依是進入西班牙境內的第一個小鎮，每年有大約兩萬名朝聖者從此地出發（從瓦倫薩出發者大約九千人），沿著朝聖路線前進，當中最值得停留的景點是位於城鎮最高處的圖依大教堂（Catedral de Santa María de Tuy），這座融合羅曼式圓柱與哥德式大門和迴廊，11至13世紀持續興建與擴張。可入內參觀整個教堂包括收藏物，爬上教堂的高塔瞭望米紐河岸以及葡萄牙的防禦碉堡。

　　離開圖依後開始步入加利西亞森林，中途會經過一些工業區，加利西亞朝聖者協會有規畫出其他風景較優的替代路線，從歐本諾（Orbenlle）到歐伯里紐（O Porriño）沿著另外的指標可避開工業區直線前進的枯燥景觀，不需趕路的朝聖者值得稍微繞路欣賞當地風景。

← ↓ 圖依大教堂的正門與華麗雕刻。

圖依大教堂

💲 遊客4歐元，朝聖者3歐元

🕐 夏季6到9月10:45am–1pm及4pm–9pm，5至6月10:45am–1pm及4pm–8pm，其餘月份開放時間10:45am–1pm及4pm–7pm

教堂內的摩爾人剋星雕刻。

性靈之路與埃爾本修道院
Variante Espiritual and Monasterio de Herbón

　　從蓬特韋德拉出發，沿著傳統的黃箭頭前進約5公里後，會出現性靈之路（Variante Espiritual）的指標，這是一條近年開發規畫的新興路線，起源於1745年時博學多聞的薩米恩多神父（Fray Martin Sarmiento），在加利西亞一帶研究文史並且沿途走向星野聖地牙哥朝聖。神父主要行經的範圍是蓬特韋德拉省的薩內斯（Salnés）地區，在當時也留下相關著作《加利西亞之旅》（Viaje a Galicia）。近年來為配合觀光發展，當地也規畫出薩米恩多神父路線[13]（Ruta del Padre Sarmiento），需時9天，全長共計190公里。

　　性靈之路雖然只有3天，卻集合了神父路線上的精華，途經具有悠久歷史的修道院，沿著山林、海岸線景色漫步，以及跟隨傳說聖雅各遺體重返伊比利半島的路線上岸，再繼續向聖城前行。

---

13 有關薩米恩多神父路線的詳細規畫，可參考相關網站https://www.rutapadresarmiento.com/。

✴ 聖約翰德波約修道院
San Xoán de Poio

舊時的修道院和教堂，內部有中世紀迴廊建築、噴泉庭院，還有圖書館、迴廊上的法國之路景點馬賽克畫作，目前有一部分改為旅館營業。

> **聖約翰德波約修道院**
> Ⓢ 2歐元
> 🕙 10:30am–1:30pm以及
> 4:30pm–8pm
> ㈤ 週日及宗教節日

↓ 離開坎巴羅的漫長上坡，可從高處看見漁村景觀。

✴ 坎巴羅
Combarro

坎巴羅是小型的加利西亞漁村，沿岸有不少吸引遊客駐足的景觀餐廳，經過這裡時不妨找個地方坐下休息，享受海鮮與加利西亞阿爾巴利諾葡萄白酒（西班牙文Albariño/葡萄牙文Alvarinho），為西葡兩國西北部地區的特有葡萄品種，沿著性靈之路行走可以遇見不少葡萄園和酒莊。離開坎巴羅後隨即爬上長約4公里的緩坡，從高處欣賞海岸線和漁村的美景。

⬆ 接下來沿著山路，走進亞曼泰拉修道院。

✳ 亞曼泰拉修道院
Monasterio de Armenteira

庇護所：Albergue de Armenteira

🕐 全年　🛏 32　💲 6歐元

ℹ 下午2點開放入住，庇護所距離修道院約
650公尺

　　阿方索十世編輯的《聖馬利亞詩歌篇》提到關於這裡的傳說，12世紀時，當地貴族埃羅決定脫離世俗在山中建立亞曼泰拉修道院，身為修道院院長，埃羅虔誠地修行也持續向聖母禱告，想體驗天堂的幸福和恩典。有天當他在山上散步時，遇上一隻鳥兒唱著歌，埃羅聽得入迷，在山上停留了一段時間，回到修道院後發現修道院擴大了，裡面竟換了一批陌生的修士，當埃羅表達出他的疑惑時，院中最老的修士突然想起他曾聽過關於埃羅的歷史故事，於是翻開一本古老的書，內容提到：「來自亞曼泰拉的聖人埃羅，高貴而虔誠，是三百年前這座修道院的創始人和院長，自從某天去了卡斯特羅夫山冥想後就再也沒回來……」埃羅此時才意識到，原來他在山上聽鳥兒唱歌三分鐘，時間已經過了三百年，這下他終於體會到聖母馬利亞的奇蹟和恩典了！

✳ 石與水之路
Ruta da Pedra e da Auga

　　離開修道院後的隔天清晨即踏上一段森林的下坡路段——石與水之路。這趟美妙的路程約7公里，沿著河流前進又有樹蔭遮蔽，非常適合在炎熱的夏季行走。行進間不時會看到石造的古老水道和小房子，在中世紀時這裡河流產生的水力可用來磨製或是鋸木。離開石與水之路後，約17公里的路程多走在柏油路上，沿途經過村莊和美麗的葡萄園酒莊。

✳ 比拉諾瓦德亞羅薩
Vilanova de Arousa

> **庇護所：**Albergue de
> Peregrinos Vilanova de Arousa
> 🕐 全年　🛏 28　💲 6至7歐元

　　第二晚可入住此城鎮，隔天由當地搭船繼續前進。詳細的船班資訊或預訂可向公立庇護所購買。因受船型容納人數、潮汐或天氣變化等影響，開船時間並不固定，冬天淡季時不開船，有意規畫此路線的人須把季節和開放時間也列入考量，船票20歐元左右，工作人員沿途會解說當地漁業、途中景點。

> **船班資訊**　（冬季不開船）
> 多為以下兩家公司營運
> 🌐 https://www.labarcadelperegrino.com/
> ☎ +34 607 911 523
> 🌐 https://www.amareturismonautico.com/
> ☎ +34 650 410 322

✳ 西部古塔
Torres de Oeste

　　當船行經卡托伊拉（Catoira），會看見岸上有一座古塔建築。9世紀時，萊昂王國阿方索三世下令建造的防禦塔樓，用於抵擋維京海盜的入侵。12世紀時再度擴大，但在15世紀逐漸凋零，目前建築物已毀損殘破。雖然已成廢墟然而精神不滅，每年8月第一個週末此處會舉辦熱鬧的維京節慶「Romaría Vikinga」，週六晚上是維京之夜晚會及聚餐，週日則是市集以及正中午時重演維京人乘船前來登陸的場景。

　　從比拉諾瓦德亞羅薩（Vilanova de Arousa）到港口小鎮蓬特塞蘇雷斯（Pontecesures）的船程大約1.5小時，上岸抵達後可繼續向北前行2公里至帕德隆（Padrón）回到傳統的中央線，多數人會選擇繼續走向聖地牙哥。離開帕德隆前記得參觀鎮上的聖雅各教堂（Iglesia de Santiago de Padrón），內部有一座羅馬文的石柱，據說就是當初弟子載著聖雅各遺體搭船抵達伊比利半島時，停泊上岸固定船隻的石柱！

　　若是喜歡體驗特別的庇護所，建議多預留一晚時間，繞路向東走3公里到埃爾本修道院住宿。

← 帕德隆的聖雅各教堂，內部保存著傳說中固定載運聖雅各遺體船隻的停泊石柱。

⬇ 帕德隆的小鎮風景。

※ 維京節慶活動網址：
🌐 http://catoira.gal/turismo/romaria-vikinga/

⬆ 修道院的外觀及構造。

⬅ 修道院內部的擺設及建築，由院內修士為朝聖者導覽。

庇護所：Albergue San Antonio de Herbón

🕐 4月2日至10月

🛏 20，提供簡單晚餐、早餐

💲 自由樂捐

❗ 受理時間為4pm–10pm

✳ 埃爾本修道院
Monasterio de Herbón

　　這座修道院始於14世紀，到了18世紀再度擴建成現有的外觀，以往是由聖方濟各教會修士營運庇護所。2013年修士即將離開時，地產商人原本一度有意將修道院改建成精品旅館，幸好最後由加利西亞朝聖朋友協會（Asociación Galega de Amigos do Camiño de Santiago，簡稱AGACS）接手，定期安排志工整理和維持庇護所，照顧往來的朝聖者。下午6點修士會帶領導覽介紹修道院的歷史，晚間8點進行朝聖者的彌撒。在這裡輪值的志工會替朝聖者準備晚餐及隔天早餐。目前修道院住有五位修士，除了作為朝聖者庇護所用途外，還有農作物菜園、生產葡萄蒸餾酒「Orujo」、提供場地給孩童夏季營隊。

　　而聞名於西班牙餐桌上的綠色小辣椒「Pimiento de Padrón」正是16世紀埃爾本修道院的傳教士從拉丁美洲帶回，在修道院種植成功後成為該地區特產，因此帕德隆在8月初的週末還會舉辦相關的節慶呢！

PART 5 原始之路

SANTIAGO DE COMPOSTELA
星野聖地牙哥

ARZÚA
阿蘇亞

MELIDE
梅利德

LUGO 盧

GALICIA
加利西亞

〔全程〕以奧維耶多（Oviedo）為起點，全程約320公里

〔天數〕10到14天

原始之路行經西班牙的阿斯圖里亞斯和加利西亞兩大自治區，總距離較短，但每日行經的坡度落差頗大，對朝聖者的體力是一大挑戰。因山區清晨的濃霧時常降低能見度，朝聖者在馬路上行走時需特別注意來車。也因為天氣較涼爽，不需要像在法國之路上為了趕路躲太陽清晨就上路，走這條路的整體步調較悠閒，多數人在早上七到八點天色漸亮以後才會出發。

不同於法國之路、葡萄牙之路這兩條較熱門的路線，原始之路沿途的城鎮間距較長，平均10到15公里才會抵達下個有商店的小鎮或村莊，建議可以隨身攜帶一些堅果、巧克力，在山中行進時可以隨時補充體力。

行走原始之路，除了深入森林親近大自然，也能在路程上參觀到不少廢墟

⚱ 走原始之路時清晨常有濃霧。 ⚱ 路途中各種不同的翠綠。

或遺跡，雖然規模都不大，卻充滿歷史和故事。這條路上的大城市除了起點奧維耶多和接近100公里處的盧戈（Lugo）外，其餘停留的地方多是村莊小鎮，也因為朝聖者每日停留的城鎮相近，因此途中時常可看到熟識的面孔，走完這條路抵達聖地牙哥時就像多了一群家人，感覺非常溫馨。

適合季節 最適合走原始之路的季節在6到9月，對西班牙人而言，北部的阿斯圖里亞斯是夏季避暑的好地方，而對一般外國旅客則可以避開主流旅遊城市的人潮。夏秋兩季能捕捉到山區景色最美的時刻，天氣也較穩定，而冬春兩季時常下雨導致山路泥濘濕滑，行走較困難。另外有些私人庇護所冬季不開放，朝聖者在規畫時可將這些因素列入考量。

🔱 原始之路中各種森林的樣貌，非常具有生命力。

從原始之路看西班牙歷史

原始之路是第一條前往星野聖地牙哥的初始朝聖路，相較於法國之路上多數的城鎮或古蹟發展大約出現在11世紀之後，原始之路上感受到的則是西班牙更早期的歷史，例如新石器時代的史前巨石文化、凱爾特人時期、羅馬帝國、西哥特王國，直到收復失地運動時天主教王國的邊界演變。

凱爾特人是西元前10世紀開始遍布西歐的民族，在西元前9世紀和前4世紀遷徙至伊比利半島的西北方，其餘的分布地區位於現今的不列顛群島（例如愛爾蘭、蘇格蘭、威爾斯）、法國的不列塔尼等。凱爾特人留下的遺跡，例如法國之路

⬆ 盧戈舊城區保存良好的羅馬帝國時期城牆。

⬆ 傳說中打贏摩爾人後在山洞發現了聖母像，因此興建聖母教堂。照片提供：阿斯圖里亞斯旅遊局，© Turismo Asturias，攝影：Noé Baranda。

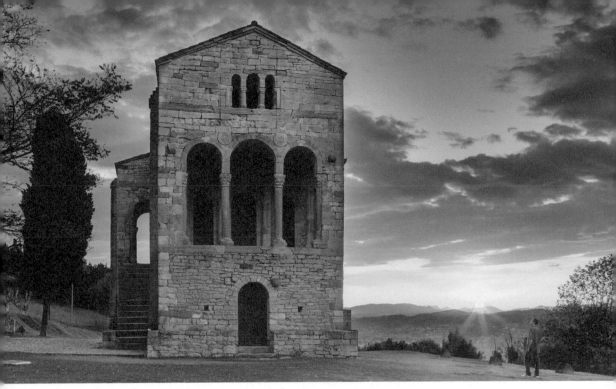

⬆ 屬於前羅馬式風格的納蘭科教堂。照片提供：阿斯圖里亞斯旅遊局，© Turismo Asturias，攝影：Benedicto Santos。

的歐賽伯雷洛茅草屋頂的圓形石板屋，或是在西班牙西北部有不少圓形聚落遺址，稱為「castro」，還有一些當時的異教神話信仰。凱爾特人進入伊比利半島後，與更早先定居在半島上的伊比利人交流頻繁，文化逐漸融合為凱爾特伊比利人（Celtíberos）。

到了西元前218年，羅馬帝國進入伊比利半島，將行政區劃分為Hispania省，展開軍事征服與殖民，在這段期間從西班牙輸出大量戰俘奴隸及原料如礦產、金屬、油，一直到5世紀羅馬帝國式微被西哥特人入侵前，伊比利半島上有著早期異教信仰的羅馬神殿、軍事建築、水利設施，以及文化上最重要的影響：4世紀後隨著羅馬帝國的基督教化，奠定了往後5至8世紀基督教在伊比利半島蓬勃發展的基礎，以及讓拉丁語在半島廣泛傳播。原始之路上的城市盧戈保存著完整的古羅馬城牆，周遭也有不少羅馬浴場、神殿等景點。

5世紀初，北方的日耳曼民族哥特人遷徙南下，在義大利建立東哥特王國（Ostrogothic Kingdom），另一部分人在法國南部[14]、西班牙建立西哥特王國（Visigothic Kingdom）。往後的三個世紀中，因王朝內部長期鬥爭使得王國未有非常強悍、實質的統治能力可以控制住整個半島，加上西哥特人習慣利用外族（如法蘭克人、拜占庭人、蘇維匯人）介入政治鬥爭以擴張個人實力並且削弱君權。最後西元711年西哥特王國因兩派勢力爭奪王位，弱勢的一方請求北非伊斯蘭教徒的協助，摩爾人在瓜達雷特（Guadalete）戰役打敗西哥特王國並順勢北上拿下整個伊比利半島，這種聯合外族奪權的計謀終究導致西哥特王國的滅亡。

在摩爾人大舉入侵伊比利半島並占據大量土地，這時西哥特貴族佩拉約（Pelayo，出生年不詳–737），帶領退守到深山的士兵力抗伊斯蘭教軍隊。西元718年在科瓦東加（Covadonga）因地勢險要，天主教徒以寡擊眾對抗摩爾人首度打下勝仗。不久後眾人在當地的山洞中發現一座聖母像，認定是神蹟降臨，因此便在此處興建一座紀念教堂（Santa Cueva de Covadonga），科瓦東加也成為西班牙800年來收復失地運動的最初起點。而以佩拉約為首對抗摩爾人的群體則組成「阿斯圖里亞斯王國」這股政治勢力，也是收復失地時期最古老的天主教王國。

雖然原始之路的徒步路線並未延伸至科瓦東加聖所，但起點奧維耶多卻是阿斯圖里亞斯王國的重要據點，也是聖潔阿方索二世在位時期[15]的首都。在與摩爾人打仗時，天主教的重要文物被帶到此地或是深山處保存。阿斯圖里亞斯地區的教堂不同於其他路線由繁複雕刻和外在裝飾構成，例如近郊的納蘭科教堂（Santa María del Naranco）、市中心的奧維耶多大教堂都屬於8到9世紀的前羅馬式風格，建築線條較為簡單質樸，不過後者教堂內的寶物室有許多珍貴文物館藏，「樸素外表下的華麗內涵」是我對阿斯圖里亞斯的第一印象。

西元813年左右，西北部傳來在繁星之地尋獲耶穌十二門徒之一聖雅各的遺體，振奮了天主教軍隊的士氣，國王阿方索二世因此帶領軍隊從奧維耶多出發，翻山越嶺，靠著天上星星和銀河指引方向前往朝聖，國王抵達後便下令興建保存聖人遺骨的聖雅各大教堂，也就是日後千年，以及今日你我朝聖者的目的地：星野聖地牙哥（Santiago de Compostela）。

抵達聖地牙哥後，朝聖就此結束，西班牙的歷史仍源遠流長發展著。阿斯圖里亞斯王國後來因皇室分家和首都轉移至萊昂，使得西班牙北部分為幾個不同的天主教王國，時而鬥爭意圖合併彼此，時而合作抵抗伊斯蘭教徒，共同將疆界往南推進。1469年，卡斯提爾王國的伊莎貝拉公主與阿拉貢王國的費南多王子聯姻，這兩位婚後各自繼承王位結合成為龐大的國家與軍事同盟，直到1492年伊斯蘭教在伊比利半島上僅存的勢力「格拉納達的奈斯爾王朝」離開西班牙回到北非，收復失地運動才算完全結束。

所以，聖雅各之路不只是一條宗教之路，更是西班牙文化和歐洲歷史的縮影，朝聖者透過緩慢的步伐在每個城鎮找尋拼湊過去的歷史情節。儘管現代衛生條件、健行裝備、交通工具比中世紀巨幅進步，不過當今的朝聖者如此苦心耗時地追尋心中的聖地，在外人看來則多了一股傻勁和浪漫靈魂。

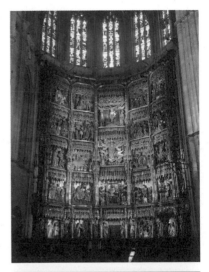

⬆ 奧維耶多大教堂外觀線條簡潔，內部有華麗的祭壇和寶物室，收藏不少重要文物，值得參觀。

---

14 法蘭克人在西元507年打敗西哥特人後，西哥特王國的
　　範圍縮減至庇里牛斯山以南，現今西班牙境內。
15 阿方索二世的統治期間為西元791–842年

庇護所主人
Hospitalero

⬆ 第一天住的庇護所聖約翰比拉帕涅達不在朝聖路線上，必須多走700公尺左右。

　　Hospitalero，意指好客之人，而朝聖路上的hospitalero則是庇護所的經營者或負責人。2016年第一次踏上法國之路時，我把多數精神和心力聚焦在克服路途的困難和節省體力，在庇護所方面並沒有多做功課。那時對我而言，朝聖之旅是一種冒險，代表的意涵是不需特別計畫、隨性找個地方停留。而在隔年葡萄牙之路上的某天，當我入住修道院改建的庇護所時，帶領我進門的經營者，拖著她膝蓋欠佳的身體，陪我上下樓梯介紹內部設施、村莊商店餐廳在哪個方位（都是講葡萄牙語）。那種無法用言語表達卻在舉手投足間流露出對朝聖者關愛的精神，讓我對「Hospitalero」這個職業的好奇心不禁油然而生（如果我們把他歸類成一種職業的話）。也因此原始之路的頭兩天我決定按照前人的推薦入住在這兩間特別的庇護所。

　　第一間在距離出發地奧維耶多30公里的聖約翰比亞帕涅達（San Juan de Villapañada）。這間公立庇護所在朝聖路線上的另一端，需再多走700公尺左右到一個山頭上。儘管附近沒有其他商店和設施，需要另外繞路，晚餐的食材要在5公里前的格拉多（Grado）先準備好，但對於剛踏上原始之路的旅人來說，享受鄉林田野的特殊氛圍是很好的開始。

　　這間住處的負責人叫做多明哥，他在傍晚才會來辦理入住。在他還沒抵達

前，朝聖者可以先沖澡、洗衣服、吃東西。當多明哥登場，便會鷹眼掃視環境是否維持乾淨，並以雷霆萬鈞之姿把朝聖者帶來的雜物、冰箱內的食材、鞋子、髒衣服等，在最短時間內恢復到整齊排列，甚至為你的背包準備好專屬的掛鉤，不讓背包沾染到地上的塵土（也或者是不讓你的背包弄髒他辛苦維持的乾淨地面？）。

或許我把多明哥形容得太過苛刻，但正因為他對庇護所整潔維護的高標準，才讓我們得以住在非常舒適的環境，使用設備齊全的廚房和乾淨的衛浴。準備晚餐時，多明哥擔心我會吃不飽，一直從櫥櫃拿出他的備用罐頭問我要不要加菜，罐頭上的標價都是一般超市的價格，沒有要靠朝聖者大發利市，就算我們語言不通還是能感受到他的古道熱腸，和對庇護所營運的用心和堅持。當我們一群人決定隔天要住在波登納亞（Bodenaya），多明哥還把我們的照片傳給下一站庇護所的主人，然後貼心告訴他其中有哪些人速度較慢，保留下鋪床位給身體不便者等注意事項。

歐洲的王國統治者通常會依照名字、人格被賦予一些稱號，例如法蘭克帝國的鐵錘查理、矮子丕平，或是西班牙歷史上常聽到的聖潔者阿方索二世、智者阿方索十世或瘋女胡安娜一世等。有天和路上常遇到的一群英國小女生聊天，談到這些庇護所主人，她們做出了「Dominatory Domingo」這個結論，我想「統治者多明哥」也會是一位英明的君王，在他的領地上盡心盡力照顧子民，雖然追求完美到有點控制狂地步，但足以顯示他是多麼致力維護王國的運作啊。

庇護所：Albergue de peregrinos
de San Juan de Villapañada

🕐 全年 🛏 22 $ 5歐元
❗ 有廚房設備，需自備食材，附近無商店

而第二天入住的波登納亞，也是此行帶給我全新朝聖體驗的庇護所。這裡由大衛和女友西莉亞共同經營，他們在幾年前由上一任營運者亞歷杭卓手中接下這間庇護所。波登納亞在早些年西方朝聖者的網路討論文章獲得一致好評，直呼這裡是朝聖路上非常難忘的回憶，就算這幾年換人經營也依舊受到內行朝聖者的青睞，包括我在內有不少人都是聽聞其特殊之處慕名而來。

　　波登納亞庇護所是一棟雙層樓建築，樓上是宿舍床位，樓下是廚房和交誼廳，建築物內外各有一間衛浴。當朝聖者經歷無數個上坡下坡，灰頭土臉地抵達住處時，會受到主人最熱情的招待，慷慨遞上一杯熱茶、桌上的零食水果、冰箱的飲料，就像是中世紀的善心人士之舉！這裡的入住規定是：所有朝聖者一起同時用餐；所有待洗衣物丟在同一個籃子裡，大衛會統一拿去洗；早上起床時不設個人鬧鐘、不打頭燈，大衛說：「既然來到這裡，我們就是一家人了，大家一起決定一個起床時間，明天我會用優美的音樂與咖啡香叫醒大家。」聽起來有些烏托邦色彩的共同生活模式，但神奇的是，只需要經過一個晚上，朝聖者的情感開始快速凝聚，或許是因為一起同桌吃晚餐、早餐，也可能是大家睡在同一個空間，不知不覺間，這條路上突然就多了一些熟悉的家人！

　　離開波登納亞的路上我常思考，要具有什麼樣的人格特質和多麼人飢己飢的精神，才能營造出一間充滿愛和關懷、氣氛絕佳的庇護所？要花多少心力維持，才能一週七天都對外開放，一年只休息冬季兩到三個月，卻毫無倦怠地對每個入住或經過的朝聖者，給予真誠的微笑和擁抱？是什麼樣的信念讓他們放棄原本穩定的工作，在短暫旺季的阿斯圖里亞斯山區原始之路上經營一間自由樂捐的庇護所，對朝聖者慷慨提供飲食和住宿？

　　開設這樣的庇護所，或許多少可以申請到地方政府的補助，但從維持環境和照顧朝聖者，就能感受到身為hospitalero的真心誠意。這樣的精神也讓身在服務業、同樣每天面對人群的我，獲得不少正面啟發。

不只我感受到這股溫暖的「camino spirit」，連同行的18歲英國女孩也在旅程中眼睛發亮地跟我說：「我以後想經營一家波登納亞風格的庇護所，提供好吃的素食，因為西班牙餐廳的素食只有蛋和生菜沙拉，毫無變化。我甚至連起床的音樂都想好了！妳要不要來？」

不管未來這間庇護所會不會落成，我相信朝聖之路的精神已漸漸在每個人心中成長茁壯。

庇護所：Albergue de peregrinos de Bodenaya
🕐 3到11月
🛏 22，提供簡易晚餐、早餐
💲 自由樂捐
☎ +34 645 888 984

↑ 一樓的木製空間。

← 二樓的床位空間。

↓ 大衛煮的食物非常好吃。

孤獨寂靜廢墟之美

　　原始之路上有許多古蹟，像是修道院、醫院、堡壘等。隨著王權逐漸轉移至萊昂、卡斯提爾，現今阿斯圖里亞斯和加利西亞地區人口漸少，形成好幾處廢墟遺跡，深埋在森林中。行經以下幾個地方，請別忘了順道停留，或是繞路去參觀這些原始之路上的特殊景觀！

✳ 歐伯納修道院
Santa María la Real de Obona

⬇ 歐伯納修道院外的教堂。

　　離開提內奧（Tineo）約莫6公里後，在進入坎皮耶洛（Compiello）前5公里的森林裡，會在某個分岔路看見「Monasterio de Obona」的指標，單程只需多走300公尺即可到達。根據記載，這裡最早起源於西元780年，阿斯圖里亞斯第六任國王西洛（King Silo，774-783年在位）給予私生子阿德加斯特（Adelgaster）此地。而較可靠的文獻紀

錄則是12世紀時，這裡屬於聖本篤修會，修士在此學習神學與哲學，以成熟的技術進行農耕和畜牧，也收留經過的朝聖者。修道院旁的教堂也始於12世紀並經歷過多次改建，風格簡樸。13世紀時，萊昂王國國王阿方索九世將此地規定為繼提內奧後朝聖者必須造訪的地方，可見歐伯納修道院曾經擁有重要的領導地位。有一派說法，隨著1693年修會重心轉移到布爾戈斯省的「Santa María de Obarenes」，加上1820年西班牙立憲革命後，造成此處荒廢。教堂只有在當地居民要使用時才會開放。

✳ 山上的蒙圖多醫院遺跡
Hospital de Montouto

⬇ 蒙圖多醫院遺跡保存完整，有不少隔間、水道的設計仍清晰可見。

　　從馮薩格拉達（A Fonsagrada）小鎮出發，行走約莫8公里後，可在山頭上看見一座規模頗大的石造遺跡。這裡是14世紀由卡斯提爾國王佩德羅一世（Pedro I）下令建造的朝聖者醫院，直到20世紀初都還有在使用。這裡的水道、隔間接保持良好，各自擁有廚房、馬廄、醫療、住宿的功能。遺址的入口處是小型教堂，醫院遺跡的附近還有另一個景點「Pedras Dereitas」，外觀看起來像是幾座直立式的大石頭，是新石器時代的墳塚，可見這裡的古老文明和歷史演變！中世紀的朝聖者醫院除了有醫療功能外，也提供朝聖者過夜留宿，整條原始之路有不少醫院古蹟。聽說直到現代，這裡的教堂會在每年7月25日聖雅各節時，也舉辦「San Tiago」，與目的地星野聖地牙哥的節日相呼應呢！

✳ 卡斯楚韋德的塔樓
Torre de Homanaje

⬇ 遺跡只剩下一座塔樓和些許城牆，因少有朝聖者特地前來所以特別寧靜。

在盧戈前22公里的小鎮卡斯楚韋德（Castroverde）有一座14世紀的古塔，沿著主要朝聖路線走並不會經過，需要往北邊再上坡約300公尺。如果當地居民用狐疑的眼神看著你，認為你走錯路了，你可以跟他們說「torre」（西班牙文的塔）讓他們放心。這裡原本是雷莫斯（Lemos）伯爵的城堡，但目前只剩下20公尺高的塔樓堡壘和旁邊的圍牆。

✳ 蘇多美里歐廢棄村莊
Soutomerille

從卡斯楚韋德再往前走7公里，可以選擇再次繞路走向森林。關於這個村莊的介紹並不多，只知道其中的房子約三層樓高，1590年曾經重新裝修過，目前已被雜草、傾倒的樹幹覆蓋；附近還有聖薩爾瓦多教堂（San Salvador de Soutomerille），屬於前羅馬式風格，被認為至少是12世紀時的建築，附近還有1122年的蘇多馬雷利修道院（Monasterio de Souto Maireli），這些建築都不大，埋藏在森林裡，日曬雨淋下多已殘破不堪，讓人感覺不出其偉大，但仍體現前人踏上朝聖之途的足跡，以及信仰在他們人生中舉足輕重的地位。

原始之路發跡較早，路上的建築風格質樸簡約，加上後有法國之路興起，這條路則漸漸沒落。雖然對於現代人而言，16世紀和10世紀是一樣古老的年代，整個歐洲有數不清的教堂和修道院，但只要實際走訪一遭，感受其中的文化差異，自然可領略它們的不同。每年走一條朝聖路，對我不只有鍛鍊體力的好處，更重要的是比前一年又多學習了一點知識，並且讓所學的歷史在旅程中得到實際的驗證。我一直到走完原始之路後才開始認真研讀收復失地運動的歷史，學習各種不同的建築風格，思考朝聖路從中古世紀延續至今的文化意涵。若朝聖者選擇原始之路，實際上路後必定能夠感受到這條路帶來的收穫比原先想像的健行、挑戰自我還要更多更廣。

⬇ 前羅馬式風格的聖薩爾瓦多教堂。

路線選擇

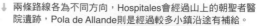

兩條路線各為不同方向，Hospitales會經過山上的朝聖者醫院遺跡，Pola de Allande則是經過較多小鎮沿途有補給。

　　除了上述可繞路探訪的遺跡外，這條路還有分支路線給朝聖者選擇。從坎皮耶洛（Compiello）或博列斯（Borres）出發的這天，會在山腳下看見石碑及方向指示板，一條是上山的醫院遺跡（Hospitales）路線，另一條則是先走平緩路面再上坡的波拉德阿央戴（Pola de Allande）路線。

　　這兩條路線的選擇，可考慮幾個因素，例如天氣狀況不好時，貿然上山走醫院遺跡路線，不但看不見美麗的景致，更會添加遇到危險狀況的可能性（像是風雨太大消耗體力、濃霧降低能見度、地面濕滑導致失足等等）；而走波拉德阿央戴路線，總距離較長，多了4公里，但沿途會經過一些小鎮，不需攜帶補給食物上山。

　　夏季踏上原始之路，「天氣」是最好的優勢，得以告別冬季到五六月初山區不定時的陰雨，若想眺望阿斯圖里亞斯山區的風景，走一趟醫院遺跡路線絕對是不虛此行的好選擇。我們一行人前一晚住在坎皮耶洛，法蘭西學院院士胡方（Jean-Christophe Rufin）曾在他的著作《一個人的不朽遠行：聖雅各朝聖之路》中提過這裡，當時多數人是從提內奧走到波拉德阿央戴，把坎皮耶洛當作中間的休息站在此地用餐，書中的老闆娘用行家帶路的方式告訴作者，接下來有一條較少人走的醫院遺跡，沿途都沒有商店旅館，最好的方式就是選擇住宿在此地明天上山。從這個小鎮和Casa Hermina這間旅店的規模，可以感覺得出老闆娘成功了，現今來到此地的朝聖者，多會在天氣好時選擇醫院遺跡路線。

坎皮耶洛小鎮曾經有著得天獨厚的優勢：與下個商家／庇護所／朝聖者隔天的目的地距離相隔甚遠，如果要走醫院遺跡路線，更是長達27公里沒有補給，多數人會選擇在坎皮耶洛的私人庇護所住一晚，現有兩家：Albergue Casa Hermina和Albergue Casa Ricardo，前者還經營頗具規模的餐廳和雜貨店，所以這裡包辦了我的住宿、傍晚的啤酒時光、晚餐、隔天的早餐及隔天上山的補給糧食。如今又多了兩個住宿選擇：一個是再走3公里後的博列斯，有間18個床位的公立庇護所，附近有間酒吧bar El Barin可以覓食；另一個是再走1.6公里，在兩條路線分岔處附近，有一間2018年新開的私人庇護所Samblismo Albergue de peregrinos，不過床位較少，最好先打電話或Email確認。

← 朝聖者沿著山路向前行走。

庇護所：Albergue Casa Ricardo
🕐 全年　🛏 26
💲 10歐元。晚餐費用另計
☎ +34 985 801 776、+34 622 402 358

庇護所：Albergue-Hotel Rural Casa Herminia
🕐 全年　🛏 26
💲 10歐元左右，依店家調整。晚餐、早餐費用另計
☎ +34 985 800 011
❗ 繼續往下走的朝聖者可先在此地雜貨店購買簡易補給乾糧

庇護所：Samblismo Albergue de peregrinos
🕐 4月中到10月中　🛏 12
💲 15–17歐元含早餐，晚餐5歐元左右另計
☎ +34 623 190 006，E-mail: xavialey@hotmail.com
❗ 床位有限，建議先預約

庇護所：Albergue Santa María de Borres
🕐 全年　🛏 18　💲 5歐元
❗ 此為公立庇護所不接受預約，可先致電詢問 +34 663 785 266

回到這兩條路線的選擇，「Hospitales route」命名由來是因為山頂上會經過三個朝聖者醫院的遺跡，最高處約海拔1205公尺。而另一條路線「Pola de Allande route」則是以經過波拉德阿央戴這個比較熱鬧的小鎮來命名。走原始之路的人基本上不太擔心困難度，何況不管是哪條路線最後都還是要登上海拔1145公尺高的帕羅山（alto de Palo），所以天氣好時多數朝聖者會以醫院遺跡路線為目標，這天的行程可以說是原始之路中最具挑戰性的一天，走完醫院遺跡路線，等待朝聖者的仍然是一山又一山，不容懈怠。

　　在萬里無雲的晴空下健行，眺望阿斯圖里亞斯山區的稜線，以及眼前那條無止盡延伸的彎曲步道，山頂上聚集在小湖邊喝水的牛群，人們隨意找一塊草地席地而坐野餐，讓人差點以為這是一場愜意的週末健行，下山以後就可以各自搭車返家了。醫院的古蹟把你拉回走在朝聖路上，還要200多公里、好幾天的時間才會抵達聖地牙哥的現實，這幾座遺跡並不精緻或雄偉，充其量只是幾座石頭堆砌出來的空間，朝聖者甚至不會去研究它的建築工法，或是想像古時候朝聖者受傷在此地治療和留宿的情景。

　　於是，古人的足跡變成了附加價值，更重要的是享受山上風光和達成今日的苦行任務，往後朝聖者的經驗談中，又多了一筆可以炫耀的戰績：曾經行走一整天，27公里途中沒有走進任何商店（因為根本沒有店家）。

↓ 15世紀的朝聖者醫院遺跡，簡單的石頭建築。

薩利梅水庫
Embalse de Salime

　　前一天走完醫院遺跡路線後（手機的記錄顯示爬了172樓），指南上標示著隔天行程的一大挑戰：抵達薩利梅水庫（Embalse de Salime）前要在6公里內下降800公尺的高度。

　　行走原始之路到了第五天，漸漸適應了這種山區間反覆上下坡的路段，比起法國之路上梅塞塔高原的平坦、漫長、枯燥，進而給人自省內心的機會和空間，原始之路帶給人的感覺是綿延起伏、前方的景色總是未知數，必須等到朝聖者踏上山頭那一刻才會獲得驚喜。

　　薩利梅水庫興建於1948年，1955年落成啟用，曾是當時西班牙最大、歐洲排名第二的水庫，然而建造過程中必須淹沒685公頃的土地，包含1995個農場、25360棵樹木、13800棵果樹、8座橋樑、5座教堂、5座公墓等。

　　時至今日已不再是西班牙前十大水庫，坐落在群山之間，彷彿是隱身在山中的一顆綠寶石。朝聖者在辛苦上山後看到壯觀的雲海，從山上俯瞰薩利梅水庫，它的青綠色又為阿斯圖里亞斯山區的綠多添加一個色階。接著繼續下降，走到跟水庫相同高度時，伴隨著沿岸的可愛小平房，薩利梅看起來反而像是個湖泊景觀度假村。這時不妨走進水庫旁的餐廳Bar/Hotel Las Grandas，餐廳的陽台可欣賞風景，視野絕佳，這段路程將近15公里沿途沒商店，多數人會在此吃午餐和休息片刻。

　　離開餐廳後，先別急著跟薩利梅水庫道別。朝聖者在接下來的持續上坡

圖中的黃色小屋即是Bar/Hotel Las Grandas。

中，可以再次從高處欣賞水庫之美，而方才停留的餐廳已變成渺小的黃色小屋，原來只需要短短20分鐘的步行，就讓人感受到何謂居高臨下。然而，眼前的美景只是一種生活調劑，接著要至少再走5公里的上坡才能抵達當晚的落腳處格蘭達斯德薩利梅（Grandas de Salime），在這裡可以參觀當地民族誌博物館（Museo Etnográfico de Grandas de Salime），了解阿斯圖里亞斯的人文風情；或是之後再走5公里抵達卡斯特羅（Castro），這裡有處溫馨舒適的私人庇護所，附近則有青銅器時代末期凱爾特人的聚落（Castro de Chao Samartín），這座遺跡直到西元2世紀羅馬時期發生大地震後遭到廢棄。

阿斯圖里亞斯民族誌博物館

- ⑤ 1.5歐元
- ⏰ 夏季5到9月週二至六11am–2.30pm及4pm–8pm；冬季10月到4月：週二至六11am–2pm及4pm–6.30pm
- 休 週日、週一及國定假日

史前遺址Castro de Chao Samartín

- ⑤ 4歐元，含博物館及參觀遺址導覽行程，導覽進行約45至60分鐘
- ⏰ 夏季6到9月週二至六11am–1pm及4pm–6pm，導覽：1pm、5pm、6pm；週日及國定假日11.30am–1.30pm，導覽：1.30pm；冬季10月到5月週二至六11am–1pm及4pm–5.30pm，導覽：1pm、5.30pm。週日及國定假日11.30am–1.30pm，導覽：1.30pm
- 休 每週一、1/1、1/6、6/24、8月第一個週日、12/24、12/25、12/31

⬇ 當晚的落腳小鎮格蘭達斯德薩利梅。

⬇ 另一個住宿選擇：5公里後的卡斯特羅。

↓ 阿瑟波山上標註兩區邊界的石板告示。

Camino Primitivo 06

阿斯圖里亞斯加利西亞邊界

　　星野聖地牙哥位於加利西亞自治區，一旦走進這個區域，就代表朝聖的旅程漸漸邁入最後階段。法國之路的法西邊界有庇里牛斯山，葡萄牙之路的葡西邊界有座國際橋，而原始之路則是在阿瑟波山（Alto de Acebo）的山頭上放置著一塊破裂的石板告示，上頭刻著這兩大自治區的名稱，顯示朝聖者正在跨越這兩地的邊界。

　　兩區交界一開始並沒有太明顯的變化，同樣都是森林茂密的山區，都屬於潮濕氣候，在這樣的條件下，兩區的鄉村田野間常常可以看到小型的高腳屋，稱為「hórreos」或「paneras」，是存放家畜飼料的吊腳糧倉，墊高以保持通風，防止潮濕和鼠害，在加利西亞地區多是長方形，而靠近阿斯圖里亞斯則多是正方形。最早在13世紀阿方索十世編輯的《聖母馬利亞詩歌篇》的插圖中，就描繪了這種特殊儲物空間。

　　而在物產方面，可以確實感受到不同，離阿斯圖里亞斯越遠，喝到蘋果酒（sidra）的機會就越小，之後賣的罐裝sidra都是偏甜的英式口味了；進入加利西亞，餐廳的招牌菜色就會從阿斯圖里亞斯的燉豆菜（Fabada Asturiana）轉變成加利西亞特產的水煮章魚（pulpo a la gallega）和綠色小辣椒（pimiento de Padrón）。

　　馮薩格拉達（A Fonsagrada）是多數人進入加利西亞後第一晚停留的小鎮，這裡原本叫做「Fons Sacrata」，意思是神聖噴泉。據說阿方索二世與摩

爾人打仗期間，這裡的噴泉曾經流出牛奶，幫助因戰爭受苦的老百姓，因此被認為是聖雅各的神蹟降臨於天主教子民。今日的馮薩格拉達是個中型城鎮，住宿有不少選擇，公立庇護所也非常寬敞，更讓人感動的是，當我們禮拜天抵達這裡時，不管是腳傷發炎要去醫院、被跳蚤叮咬想去藥局買藥，以及想在雜貨店買明日早餐時，這些地方居然都有開門營業，所有朝聖者的需求都一一照顧到了，在歐洲的星期日可以見到這種景象和方便，應該也算是朝聖路上的一大神蹟了！

在阿斯圖里亞斯地區的吊腳糧倉多為方形，下面可以改建為儲物空間。

馮薩格拉達的名字來由是這座傳說神蹟顯現的神聖噴泉。

在加利西亞除了章魚外，最常看見的就是這道綠色小辣椒。

盧戈 Lugo

朝聖者步入高聳防禦城牆的舊城區。

　　盧戈是原始之路上繼奧維耶多之後的大城市，也是這條路離100公里處最近的地方。前往盧戈的這天，會先經過前面介紹過的卡斯楚韋德的廢棄高塔和蘇多美里歐廢棄村莊（不在一般傳統朝聖路線上，需稍微繞路），進入盧戈前的10公里是漫長柏油路，習慣長時間走在山路和柔軟的泥土上，這對朝聖者的腳底板是頗大的挑戰。但往好處想，柏油路的出現告訴我們一件事：它正帶領我們走向熱鬧的城市。

　　盧戈的舊城區由保存完整的古羅馬城牆所圍繞，入口處有一塊石碑以加利西亞文題著「聖潔者阿方索二世於9世紀時，在此開啟了通往聖地牙哥的第一條路」，城牆是3世紀古羅馬帝國的建築，全長2公里，高約11到15公尺，共有10個城門，繞行一圈需要30分鐘。

　　盧戈城原稱作Lucus Augusti，用當時羅馬帝國皇帝奧古斯都的名字為城市命名，但也有另一種說法是以更早時期凱爾特人的光之神盧古斯（Lugus）為名。不管哪種論點都說明盧戈是歷史悠久的偉大城市。

　　西元前13年，羅馬人征服此地並開始建城。西元260至310年間建築城牆，隨著西哥特人入侵，西羅馬帝國滅亡，到了8世紀，盧戈已是廢棄之城。直到9世紀朝聖風氣逐漸興盛後，才又帶回熱鬧與繁榮。

　　步行古城牆一圈，可從上往下看到古今並行的景色，感受時空交錯，城外車水馬龍，現代建築林立，城內則是幽靜清閒。12世紀的盧戈大教堂由初期的

← 繞行古城牆一圈的不同景色。

← 盧戈大教堂外觀。
↓ 盧戈大教堂內部的華麗雕刻及彩繪玻璃。

盧戈大教堂

- $ 遊客5歐元，朝聖者3.5歐元，包含教堂、博物館、塔樓
- ⏱ 4到10月份週一至週六11am–7pm，週日及國定假日11am–6pm；11月至3月週一至週六11am–6pm
- 休 週日及國定假日

哥德式建築經過長久的擴建，增加了羅曼式、巴洛克式和新古典主義的華麗風格，非常值得參觀。

除此之外，古城與周遭還有以下幾處有趣的景點：

✳ 盧戈古城牆解說中心
Centro de Interpretación de la Muralla

　　這是一棟三層樓的展覽中心，以簡單的方式呈現帶領遊客了解羅馬城牆的歷史、建築工法和建築模型、不同城門的介紹，也播放古城牆的紀錄訪談影片。有趣的是，幾十年前古城牆外相連著不少雜亂建築，1970年代為了整潔市容發動「Operation Clean Wall」計畫，才逐漸恢復成現今完整、原始的古老城牆。在此中心參觀，可以進一步感受到古城牆的故事與魅力。

> ### 盧戈古城牆解說中心
> ⑤ 免費
> 🕐 夏季6到10月中旬及聖週10am–2pm及4pm–8pm；
> 　 冬季10月中後到5月10am–2pm及4pm–6pm
> 休 1/1、1/6、12/24、12/25、12/31

← ↓ 盧戈古城牆解說中心內有相關介紹、模型、紀錄片。

✳ 盧戈省博物館
Museo Provincial de Lugo

　　博物館由中世紀的聖方濟各修道院改建，保留了當中的廚房、食堂、迴廊，並擴增一棟相連的建築物，館藏品囊括舊石器時代文物、羅馬時期馬賽克畫作、中世紀文藝復興和巴洛克式雕刻、油畫，到加利西亞的當代藝術等。

盧戈省博物館

💲 免費

🕐 週一至五9am–9pm，週六10.30am–1pm及4.30pm–8pm，週日11am–2pm

⚠ 館內僅某些部分可拍照

← 博物館的迴廊收藏。

↓ 盧戈省博物館的外觀。

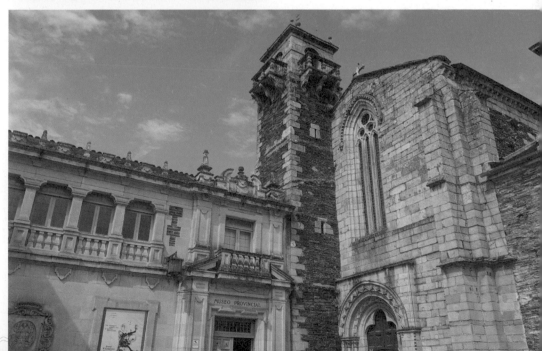

✳ 米特拉神殿博物館
Casa Museo de Mitra

米特拉神殿博物館

$ 3歐元

🕐 週四至六11am–1.30pm及
5pm–7pm，週日11am–2pm

休 週一至週三

博物館內的地下神殿遺址，曾是羅馬帝國時期崇拜波斯太陽神米特拉教派的祭壇，約為3世紀的古蹟。參觀羅馬時期尚未全面基督教化的信仰是個非常特別的體驗。

Hotel Balneario de Lugo

🏠 Rúa Camiño do Balneario, s/n, 27004, Lugo

$ 3歐元

🕐 9am–9pm，週日9am–1pm，冬季12月至3月
只開放週三9.30am–1.30pm

! https://balneariodelugo.com/en/roman-baths/

✳ 羅馬浴場遺址

距離盧戈古城一公里外，位於朝聖路線上不遠處有一座西元前15年建造的羅馬浴場，奇特的是，這座古蹟現在隱身於一間水療SPA旅館中，開放時間可向旅館櫃檯申請參觀。浴場內的公共浴池、冷熱泉及更衣空間都保存得相當完好。

⬆ 離開盧戈舊城區1公里後，原始之路上的古橋。

⬆ 附近的Hotel Balneario內有羅馬遺址可參觀，但要特別注意開放時間。

值得繞路的早餐與古蹟

　　朝聖之路上，我在餐廳或酒吧吃飯的頻率頗高，但說到朝聖之路的飲食，似乎沒有特別令人驚豔到要寫篇文章介紹的地步。除了北方之路的巴斯克和坎塔布里亞地區外，旅途中很少吃到令自己印象深刻的食物。以朝聖者套餐來說，一道湯或肉醬麵的前菜，肉類主餐搭配大量馬鈴薯，餐後優格或冰淇淋（比較用心的店家才會有自製甜點的選項），加上紅酒和麵包，吃好幾個禮拜下來都大同小異，一趟朝聖旅程走越久，味蕾對食物的要求也就越來越低。

　　早餐也是一樣，麵包塗果醬或奶油、熱三明治（bocadillo）、西班牙烘蛋（tortilla）配上一杯咖啡（黑咖啡café solo／拿鐵café con leche／濃縮咖啡加牛奶café cortado），如果把在巴黎或義大利喝咖啡的經驗帶到這條路上，恐怕會大失所望。這裡的咖啡多是重烘培，喝起來的口感也較苦澀，在鄉野朝

↑ 距離盧戈10公里後小村莊內的早餐店。
↓ 早餐店的吧檯。

↑ 組合式的早餐，菜色多樣。

聖路上，當地居民多從事農牧業、工業，需要攝取的是可以提神醒腦的咖啡因，沒有那些都市白領手持外帶杯啜飲的優雅動作，也沒有必要喝出豆子的花香、果香。不過對於也付出體力活的朝聖者（如果走路到下個城鎮也算是工作內容），一杯西班牙鄉間咖啡對我已是早晨的例行公事。

位於盧戈10公里之後的小鎮聖文森布爾戈（San Vicente do Burgo），沿著Bar As Searas 的指標再多走150公尺即可抵達。原始之路上的商店並不多，朝聖者幾乎都會把握可以停下來喝咖啡的機會稍坐片刻及使用廁所。一開始我只把這裡當作日常歇腳的休息站，不抱期待地隨意指了菜單上的某一樣食物，想不到送來的早餐組合令人耳目一新，這裡的烘蛋軟嫩搭配馬鈴薯水潤適當，加上塗著番茄的麵包和葡萄牙之路上帕德隆的特產綠色小辣椒，完全是朝聖路上的早餐新組合！

這間店面由一對老夫妻共同打理，看著他們忙進忙出，整理速度有些力不從心，來不及應付一波波進來的朝聖者坐下點餐或用餐結束的杯盤狼藉，不禁讓人引發一股惻隱之心，疼惜他們辛勞工作。許多朝聖者吃完早餐後會再外帶一個三明治。踏上原始之路，一定要好好把握這種得來不易的小店幸福時光。

小店的外觀。

隔年再訪點的「tostada con tomate」，烤熱的麵包塗上番茄抹醬，加上橄欖油和鹽。

外帶的熱三明治，豬肉煎得焦香，份量充足。

Bar As Searas

27233 O Burgo, Lugo, Spain　8am–10pm

+34 982 20 78 29

聖歐拉莉婭博維達

$ 免費

🕐 週二至五8.30am–2.30pm，週六
10am–2pm

休 週日、週一及國定假日

! 沒有訪客時，遺跡入口處會鎖起
來，需透過村莊的遊客中心開門，
建議先致電+34 982160124，以確
保當時有開放

← 遺跡內部及牆上的鳥類壁畫，屬於伊比利半
島上帝國時期的罕見古蹟。

　　離開早餐店2公里後，看見路標時往右繞路2.5公里（LU-P2903公路），就
會抵達一處隱身於村莊的奇特小型神殿遺跡聖歐拉莉婭博維達（Santa Eulalia
de Bóveda）。這座起源於2到4世紀的建築，在1917年被當地教區牧師發現，
1926年委託歷史學者組織挖掘和研究工作。關於這座古蹟的歷史有不同說法，
普遍的共識是在羅馬帝國異神信仰時期，這裡是用來祭祀西貝雷斯女神的祭
壇，隨著伊比利半島基督教化後，這裡成為聖歐拉莉婭教堂。在西班牙的梅里
達、巴塞隆納都有這樣的聖女殉教故事：三世紀末，歐拉莉婭拒絕接受羅馬眾
神信仰而篤信基督教，因此遭到羅馬帝國迫害至死，在她臨死前一隻鴿子突然
從口中飛出，讓教徒堅信這是神蹟的出現。這座神殿因此充滿各種鳥類的壁
畫，雞、鴨、鴿子，以及被認為是女神化身的孔雀。另外從外牆上殘疾人像的
浮雕，學者推論中間的水池是用來許願、治療身體疾病，顯示這裡曾是病人的
醫護所。

　　關於這座神殿的用途，有各種不同看法，例如羅馬時期的異神崇拜、基督
教信仰、苦行僧教派、西哥特式的教堂雕刻和馬蹄拱特色，對於過路客來說實
在霧裡看花，但目前考古研究上，羅馬帝國占領伊比利半島時期似乎沒有其他
相同特徵的建築物，其獨特性非常值得繞路前往參觀。

梅利德之後：
100公里內的朝聖現象

梅利德（Melide）是原始之
路與法國之路會合的城市，距離
聖地牙哥55公里。進入梅利德以
前，原始之路的朝聖者三兩成
群，每天在路上都會遇到數次，
大家也多停留在鄰近城鎮，加上
從盧戈開始走最後100公里的朝聖
者不如法國之路那麼多，因此這
條路上多半都是熟悉的臉孔。

離開梅利德鎮上的朝聖者群眾。

不過進入梅利德以後，情況就大不同了。法國之路上從薩利亞開始的朝聖
者至少是原始之路上的數十倍，如果想在梅利德品嘗最有名的加利西亞章魚，
不管是在加納洽（Pulperia A Garnacha）或是以西結（Pulperia Ezequiel）這兩間
聚集最多人潮的店，放眼望去都沒有熟悉的臉孔。從這裡開始的朝聖者大致可
分成幾種：一種是全身黝黑顯然受過梅塞塔高原豔陽荼毒的人，在經過長達一
個月的行走，每個走進店裡的朝聖者，他都能認得出來甚至熱情邀約這些路途
上的夥伴馬上加入自己的陣營；一種是輕裝健行者，只背繩子繫著的小背包，
如果是背著同樣款式的一大群人，通常是參加旅行社的套裝行程，甚至走一段
便魚貫跳上旅行團巴士，不到三秒便消失在朝聖者的視線；還有另一種是裝備

梅利德前後朝聖者數量差異甚大。

完整卻步履闌珊的朝聖者，綁著護膝、小腿貼紮、舉步維艱，像是試圖避開腳趾上的水泡，他們是幾天前從薩利亞出發的人。

　　很遺憾的是，走原始之路的朝聖者並不屬於以上幾種，在山上走兩個禮拜還不足以曬黑幾個色階，所以得不到任何歸屬感，坐在餐廳裡也遇不到幾個認識的人，幸好當天出發前就與原始之路的好朋友們約好在後面小鎮的公立庇護所相見，才不至於在茫茫人海中感到迷惘。進入法國之路後，彷彿是踏入了另個新的世界。

　　這是一條人氣鼎盛、商機蓬勃的路，卻難免讓人感覺出過度承載了朝聖者的人潮和期待。我在最後這段路遇上一群企業人士與一位隨行翻譯助理，助理對我說出了這趟旅程的擔憂：團員們覺得這段路沒什麼挑戰性、風景太過一致沒變化、農村小鎮看起來也不進步，到底為什麼世人要如此前仆後繼地踏上這條路，就連眼前的這個台灣人也每年千里迢迢到來，甚至明年也考慮還要再來？

　　首先我問了兩個問題，「從哪裡開始走」以及「為什麼來走」，得到的答案是從薩利亞開始，會來走是因為國內祕書幫這些成功商業人士搜尋「挑戰自我」的行程時，跳出了「朝聖之路」的關鍵字。這些老闆們可能把這條路想像成一趟群山險惡、生活不便的冒險旅程，所以實際上路後感到過譽和失望。或許在這些人眼中，我是個不折不扣的狂熱朝聖份子，但我相信路上有很多旅人都跟我有著相同的症狀，雖不是教徒（或不是虔誠教徒），卻追求千里跋涉抵達天主教聖地，這在功利主義盛行的世界似乎有點可笑。

　　該怎麼跟他們解釋那些在這條路上屬於朝聖者的奇遇，像是走進廢墟修道院時感到一陣頭暈目眩，看到荒涼古蹟時心跳加速，或是偶然想起10年前曾在課堂上學到這些知識而有所頓悟？聽說老闆們在歐洲都只喝100歐元以上的紅酒，但我倒覺得，豔陽下的冰可樂、早晨提神的粗糙咖啡和臨時起意彎進去當

地人院子幫忙除草後，他們從冰箱拿出來請客的啤酒，更加美味可口。

　　對我而言，這趟旅程美好的地方不在於挑戰山路或是商業蕭條的城鎮，反而是在步行中漸漸開拓的文化視野。過去我知道天主教與伊斯蘭教勢力的戰爭，卻不如親身實際走過這趟聖潔者阿方索二世引領朝聖旅程的原始之路，才得以理解朝聖歷史的開端以及千年發展的延續意涵。而這條路上，不只有中世紀，還有從新石器時代、凱爾特人、古羅馬帝國、西哥特人，那些曾在伊比利半島活躍的文明，或許離我們的日常生活非常遙遠，彷彿隔著博物館城牆和學術理論的距離。但幸運的是，在這條路上一切都變得平易近人，這些遺跡自古至今一直存在遺世荒野間，等待著為了與它們相遇、不辭千里繞路而行的朝聖者到來。

⬆ 梅利德鎮上的章魚名店之一：Pulperia Ezequiel。

↗ 梅利德鎮上的章魚名店之二：Pulperia A Garnacha。

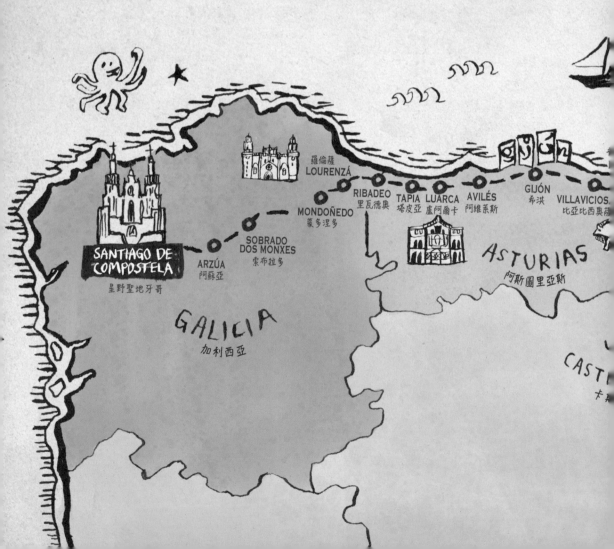

PART 6 北方之路

羅倫薩
LOURENZÁ

RIBADEO
里瓦德奧

TAPIA
塔皮亞

LUARCA
盧阿爾卡

AVILÉS
阿維萊斯

GIJÓN
希洪

VILLAVICIOS
比亞比西奧薩

MONDOÑEDO
蒙多涅多

SOBRADO
DOS MONXES
索布拉多

SANTIAGO DE
COMPOSTELA
星野聖地牙哥

ARZÚA
阿蘇亞

ASTURIAS
阿斯圖里亞斯

GALICIA
加利西亞

CAST
卡斯

CAMINO DEL NORTE

〔全程〕若從伊倫（Irún）出發，總計803公里
〔天數〕30至40天

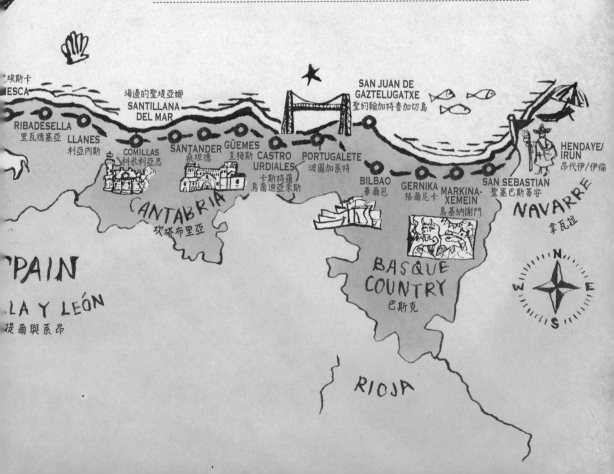

埃斯卡
ESCA

海邊的聖堤亞娜
SANTILLANA
DEL MAR

SAN JUAN DE
GAZTELUGATXE
聖約翰加特魯加切島

HENDAYE/
IRUN
昂代伊/伊倫

RIBADESELLA
里瓦德塞亞

LLANES
利亞內斯

COMILLAS
科米利亞恩

SANTANDER
桑坦德

GÜEMES
圭梅斯

CASTRO
URDIALES
卡斯特羅
烏爾迪亞萊斯

PORTUGALETE
波圖加萊特

BILBAO
畢爾包

GERNIKA
格爾尼卡

MARKINA-
XEMEIN
烏基納謝門

SAN SEBASTIAN
聖塞巴斯蒂安

CANTABRIA
坎塔布里亞

BASQUE
COUNTRY
巴斯克

NAVARRE
拿瓦拉

SPAIN

LA Y LEÓN
提爾與萊昂

RIOJA

北方之路行經巴斯克、坎塔布里亞、阿斯圖里亞斯、加利西亞四大區域。巴斯克地區山路起伏大，坡度也較為陡峭，不少朝聖者在這一階段受傷，如長水泡、膝蓋和腳踝疼痛等，建議放慢腳步行走，或是讓行程寬鬆彈性些；而坎塔布里亞地區路面多是柏油路，長距離行走下來容易造成腳底板不適以及身心疲乏，不過途中仍有許多美麗小鎮值得停留；阿斯圖里亞斯地區則是森林和海岸風景交錯，途中偶有工業區，但多數時間都是行走在寧靜的自然景致中；一直到進入加利西亞地區後，離開海岸線逐漸走進山區，在阿蘇亞（Arzúa）與法國之路會合，並抵達聖地牙哥。

行經區域 北方之路有許多吸引人之處，例如沿海地區美食精緻多樣化、整趟路途具挑戰性、沙灘風景吸引不少歐洲觀光客駐足，以及沿途行經著名的大城市，例如畢爾包（Bilbao）、桑坦德（Santander）、希洪（Gijón）等，或是知名觀光城鎮海邊的聖堤亞娜（Santillana del Mar）和科米利亞斯（Comillas），

⚓ 北方之路時常沿著海岸線行走。

分別可以參觀著名的史前洞穴壁畫阿塔米拉岩洞以及高第的建築。如果時間充裕，建議將行程安排寬鬆些，在耗費體力的徒步之旅外，也能有多餘的時間戲水、參觀博物館或修道院、好好享受美食美酒等。

走在北方之路上，不時會遇上走替代道路的選擇，多數朝聖者喜歡選擇沿海岸的路線，或是避開柏油路走山路，在不同路線分流下，路上的朝聖者較法國之路少，淡季時有些庇護所關閉不營運，出發前可先打電話詢問有無開放。

適合季節 北方之路最熱門的季節是5到10月。除了朝聖者外，更多是慕名而來的海灘度假遊客或衝浪客。庇護所數量較少，床位也非常有限，淡季時甚至不營業或整修中不開放，因此無法入住庇護所時也可改訂民宿或是較便宜的旅館。在沒有公立庇護所的城鎮，私人庇護所通常一個床位12歐元，而一間雙床的房間大約30歐元，若能找到夥伴一起分攤，則能大幅提升睡眠和旅遊品質。

由於淡旺季床位需求差異懸殊，北方之路的庇護所不像法國之路如此大規模，通常僅在10至35床之間。一旦到了7、8月旺季，朝聖者常常需要為了住宿趕路，而錯失在海邊戲水、參觀博物館的機會，非常可惜。喜歡隨興安排、不刻意預訂的朝聖者，可避開6月底到8月暑假期間。有提前預約習慣者，建議事先告知庇護所主人預計抵達的時間，預約了要取消也請主動聯繫，方便讓他們控管床位。通常庇護所會在下午三到四點間才開放入住，並在晚間十點關門。

⚲ 沿途常遇到上下山路段，困難度比法國之路高。　🖐 北方之路除了自然風光外，也會經過不少農村、牧地。

北方之路的特色教堂

✳ 巴斯克-瓜達盧佩聖母聖所
Santuario de la Virgen de Guadalupe

　　歷史上聖母在不同時間和地點發生顯靈或神跡的故事，因此人們建造紀念聖母的聖所也給予不同的名字，例如法蒂瑪聖母（Virgen de Fátima）、薩拉戈薩的聖柱聖母（Virgen del Pilar），或是瓜達盧佩聖母（Virgen de Guadalupe）。

　　在西班牙南部的埃斯特雷馬杜拉省（Extremadura）有座華麗的瓜達盧佩聖母大教堂，起源於中世紀時牧羊人在瓜達盧佩河畔撿到一尊聖母像，並供奉在小型修道院中，後來越來越多信徒前往當地祈禱平安。15世紀海權時期，西班牙人將瓜達盧佩聖母視為守護神，並將信仰帶至拉丁美洲，現今的墨西哥、哥倫比亞及南美洲國家，甚至遠至亞洲的菲律賓都有許多城市名為瓜達盧佩。

　　巴斯克地區的瓜達盧佩聖母聖所，位於從伊倫出發當天行走4.5公里後的山丘上。16世紀時由兩位孩童在山上發現這尊黑面聖母像，因此當地為其興建教堂，保佑航海漁夫和港口安全。1638年法國與西班牙交戰時，附近的海港昂達瑞比亞（Hondarribia）曾一度遭到敵軍包圍封鎖長達69天，當地居民認為因為有瓜達盧佩聖母的保佑才讓小鎮平安脫困，每年9月8日會在此舉辦紀念活動。

瓜達盧佩聖母聖所

$ 免費

從伊倫出發第一天途中經過的瓜達盧佩黑面聖母教堂。

⬆ 巨石下的聖米格爾天使像。

✳ 巴斯克-馬基納謝門石頭教堂
San Miguel de Arretxinaga

> **馬基納謝門石頭教堂**
> ⓢ 免費

　　馬基納謝門（Markina Xemein）是北方之路上從吉普斯夸省邁入比斯開亞省的第一個城鎮，從山腳下進入小鎮的入口處有一座六角形教堂。在這座18世紀的建築中可以看到三塊巨大石頭以及當中的聖米格爾天使像，這些神奇的巨石歷史悠久，並沒有受到人為的塑形或移動卻呈現自然的相互倚靠。巴斯克傳說裡主宰森林的巨人或精靈「Basajauns」，將石頭帶到這裡舉行異教儀式，而在巴斯克地區基督教化後改為教堂。傳說難以考證，今日我們只知arre、exti、aga在巴斯克語中分別代表的意思是石頭、放躺或放在地上、地方，因此此處意譯為「石頭下的聖米格爾」教堂。據說在這神祕的史前巨石下通過三次而不觸及任何石頭一年內就會結婚喔！

✳ 阿斯圖里亞斯–千年古教堂
Iglesia de San Salvador de Priesca

　　普里埃斯卡（Priesca）是位於比亞比西奧薩（Villaviciosa）前10公里，一個山丘上的小村莊。這裡有一座建於西元921年的古老教堂，這座前羅馬式的建築由三個中殿組成，外部整體呈現左右不對稱，設計典雅簡單的窗臺和石柱，教堂內還能看到古早壁畫的痕跡，如植物、幾何圖形組成的線條。在西班牙內戰時期曾遭遇火災，不過目前保存完好。

↑ 教堂內部構造及外觀設計。

↑ 普里埃斯卡的千年古蹟，屬於小型的前羅馬式教堂。

> **千年古教堂**
>
> $ 自由樂捐
>
> ⏱ 教堂多數時間是鎖起來的，鑰匙由附近住戶保管，需請他們開門

　　在前往原始之路的路線上，也有一座屬於前羅馬式風格，建築相似的聖薩爾瓦多教堂（San Salvador de Valdediós），建於西元893年，規模不大但都是具有歷史意義的古老建築。

↑ 修道院的相關資訊。

↑ 修道院正立面的巴洛克式華麗雕刻，與星野聖地牙哥大教堂外觀都出自同一位建築師。

羅倫薩的聖薩爾瓦多修道院

$ 教堂門票3歐元，宗教藝術博物館門票5歐元

🕐 週一至週六12pm–6pm；週日休館

✳ 加利西亞–羅倫薩的聖薩爾瓦多修道院
Monasterio de San Salvador de Lourenzá

　　進入加利西亞第一個城市里巴德奧（Ribadeo）的隔天，步行27.5公里後抵達的羅倫薩（Lourenzá），這裡有一座巴洛克式外觀的教堂與修道院。修道院的歷史最早由奧索里奧伯爵（Don Osorio Gutiérrez）在10世紀成立，屬於聖本篤修會，伯爵也同樣進行了聖地牙哥的朝聖之旅，去世後長眠於這座修道院，城市則以伯爵的子女羅倫佐和安娜為名（Lourenzo y Ana）。

　　到了17世紀，建築物開始進行大規模翻新，修繕大型的迴廊和拱門。修道院的立面與教堂呈現直角，教堂的正面是1732年由擅長巴洛克華麗風格的建築師卡薩斯・諾沃亞（Fernando de Casas Novoa）所設計，其著名的作品就是朝聖者最熟知的聖地牙哥大教堂的正門外觀了。兩者風格是不是有點相似呢？現今這裡成為宗教藝術博物館，內有不少相關收藏。

加利西亞－蒙多涅多大教堂
Catedral de Mondoñedo

蒙多涅多大教堂

$ 遊客4.5歐元，朝聖者3歐元。
門票包含大教堂與博物館

🕐 週一至週四10am–2.30pm及
3.30pm–7pm；週五與週六
10am–7pm；週日2pm–8pm

　　羅倫薩再走8.5公里，即會在廣場前看到蒙多涅多大教堂，原本的教區在9世紀時位於另一個較靠近海岸的地方，有一座聖馬丁蒙多涅多教堂（Basílica de San Martín de Mondoñedo），兩者距離大約20公里。因為在海邊容易受到維京人和諾曼人的侵略，12世紀時主教獲得許可後，將教區移至內陸地區，也就是現在我們所經過的蒙多涅多。

　　教區遷移過來後需要一座新教堂，因此1219年開始興建的羅曼式建築，後來內部又增加了哥德式聖器收藏室，而最受矚目的則是正門上的大型玫瑰花窗。經歷宗教和文化的發展後，蒙多涅多成為古代加利西亞王國的首都。

⬆ 蒙多涅多大教堂的外觀。

北方之路的朝聖者們

4月初踏上北方之路時天空常飄著雨，一開始路上的朝聖者並不多，直到西班牙聖週（Samana Santa）復活節假期開始後，馬上就可感覺到人潮湧進朝聖路的差異。北方之路的「適合季節」有點難以拿捏，11到2月冬季有許多庇護所沒開，3到4月陰雨綿綿，入夜濕冷很難帶衣服，5、6月漸漸春暖花開但是氣候仍然多變化，可能不小心淋一場雨就會感冒。7和8月是歐洲遊客度假和節慶的旺季，西班牙人也喜歡到北部避暑，這些遊客比朝聖者更具經濟效益，旅館價格會有些許調漲。北方之路的庇護所和法國之路比起來少很多，有些庇護所只開放5到10月，也有些學校會在暑期改為庇護所。淡季寧靜優閒但是資源較少，旺季熱鬧物價較高且庇護所床位競爭激烈，該如何選擇端看朝聖者想要什麼樣的朝聖之旅。整體而言，氣候宜人又要避開人潮高峰，5、6月和9、10月是最合適的季節。

選擇北方之路者通常有幾項特質，他們多數是經驗老道的朝聖常客。在我遇過的朝聖者中有不少人是幾年前走過法國之路、葡萄牙之路甚至銀之路，對

朝聖之旅越來越上癮，因此想辦法安排一個月的假來走北方之路，我甚至還遇到早在十年前就走過法國之路的奧地利人，當年走到聖地牙哥後再沿著北方之路海岸線反向走回法國，像極了中古世紀的朝聖者。

　　而初次踏上朝聖就選擇北方路線的朝聖者，通常也有幾項特質，例如喜歡安靜，聽聞法國之路上的熱鬧和商業化，想要避開人群，有些德國人笑著說他們在網路上查資料發現法國之路上非常多德國人，為了想有異國度假的感覺選擇了北方之路，殊不知到了北方之路，還是遇到一堆德國人！不過也正因為德語系國家遊客眾多市場龐大，這些朝聖者總流通著許多實用的資訊，像是沒有庇護所的城鎮該怎麼找民宿（pension）、哪裡的海岸線風景優美，因此跟他們交流總是能夠得到不少收穫。

北方之路上正在通過陸橋的朝聖者們。

北方之路到中段後，朝聖者較為稀少。

另外一種朝聖者，則是平時住在歐洲比較內陸的地區，因此選擇能夠看到海景的北方之路作為朝聖之旅和度假的優先考量，這樣的朝聖者可以說是最享受路途的一群人。他們喜歡走靠近海岸的分支路線，為了多欣賞一些比斯開灣的風光，甚至會忽視朝聖指標，遠離黃色箭頭，不惜繞路多走十幾公里，大約傍晚六七點才會風塵僕僕地抵達住處，然後眉飛色舞地告訴其他夥伴，他今天去的地方風景多麼優美。

不管是哪一種類型的朝聖者，選擇北方之路的人有個共同點：不怎麼害怕路程的困難。這條路線比法國之路挑戰性高，雖然沒有庇里牛斯山的高峰，但整體的坡度比其他路線還要陡峭，多雨的季節路面不少爛泥，下坡時要特別小心以防滑倒。不過踏上北方之路的朝聖者，似乎都做好了這方面的心理準備，知道踏上這條路就注定經歷雙腳疲累、膝蓋受傷、偶爾失足步伐踉蹌的苦痛，也將這些遭遇視為一種成長過程。不是期望自己多與眾不同，或是抵達聖地牙哥時高喊著「我做到了」那種完成不凡旅程的驕傲。這條路只是一個目標，一種生活態度，一條像是人生的道路，時常遇到必須抉擇的分岔支線，而當你做出決定時，有時會得到驚喜，有時則平淡無奇，跟日常生活沒什麼兩樣。

↖↑ 偶爾也有經過或接近公路的路段。

↓ 北方之路依山傍海，難度也較高。

聖塞巴斯蒂安
San Sebastián / Donostia

距離伊倫24公里的聖塞巴斯蒂安，是多數朝聖者上路後第一晚停留的城市。巴斯克自治區以美食聞名，尤其是聖塞巴斯蒂安周遭就有不少米其林星級餐廳，吸引不少前來體驗的老饕。就算不摘星，走一趟市中心舊城區的Pintxos Bar照樣能吃到美味小份量的食物。每間店都有一兩樣招牌菜，在地人或是旅館櫃台會建議一間店點一道菜，配上一杯酒，結束後再前往下一間的「pintxos bar hopping」模式，就能在短時間嘗到各式各樣巴斯克小菜料理。

舊城區的聖特爾莫博物館（San Telmo Museoa，簡稱STM），是巴斯克自治區內館藏最豐富、也最古老的歷史文化博物館。1932年營運，博物館的建築改建自16世紀的古老修道院，1836年因為教會沒收運動（Mendizábal，教會和修道院的財產被政府徵收或售出使得土地私有化），修道院一度成為軍營。20

↑ 每間酒吧都有各自拿手的pintxos料理，適合多跑幾間嘗鮮。

↑ 巴斯克文化博物館的外觀。

↑ 博物館由修道院和教堂改建，搭配具有巴斯克文化特色的畫作。

世紀初期因原本的博物館太小容納不下豐富的收藏，因此由市議會購買修道院現址並且裝修成為現今的樣貌。除了不定期的特展外，還有許多考古、藝術品、巴斯克民族誌研究等收藏。教堂內則有加泰隆尼亞畫家塞爾特（José María Sert）的11幅大型畫作，呈現巴斯克地區的傳說、航海、漁業、貿易及信仰等樣貌。每到整點會播放大約15分鐘的影像導覽，介紹博物館從古至今的歷史以及未來展望，影片投影在教堂不同處的牆面上，是非常特別的博物館參觀體驗。

↑ 每到整點的影像導覽，影片投影在教堂內極具特色。

↑ 巴斯克文化的相關館藏。

聖特爾莫博物館

$ 6歐元　　週二至週日10am–8pm

休 週一。1/1、1/20、12/25全日休館；
12/21、12/24、12/31僅開放10am–2pm

贊那魯薩修道院
Monasterio de Zenarruza

　　贊那魯薩修道院位於奧茲山腳下（Monte Oiz），傳說西元968年8月15日聖母升天節，附近居民正在進行節日彌撒時，突然出現老鷹飛進墓地叼走一具頭骨，居民沿路跟著老鷹直到此地才見到牠放下頭骨，於是信徒決定在這個稱為寒冷的山坡之地（ladera fría）興建紀念聖母的隱居處。10到14世紀時這裡成為新的教區，並且興建教堂，在14世紀末朝聖之路盛行時，修道院旁曾經興建過朝聖者醫院，救濟往來的朝聖者和窮人。

　　19世紀時修道院一度衰落，朝聖者醫院在1954年也歷經火災差點成為廢墟。不過20世紀後期在當地教區重新規畫和努力下，隱居山中的贊那魯薩修道院如今又恢復生氣。朝聖者醫院改建成徒步者的庇護所，另一處也規畫成旅館提供一般遊客入住，修道院的商店則販售精釀啤酒、果醬和紀念品。修道院的入口處可以看見老鷹傳說的雕刻，出口處則是建築物的新舊融合──舊有拱門與新建的朝聖者庇護所巧妙相連。此地可說是北方之路上最能體會到中古世紀宗教靜謐之處的地方。

庇護所：Albergue de peregrinos del Monasterio de Zenarruza

🕐 全年
🛏 12至21人，提供簡單晚餐、早餐
💲 自由樂捐
❗ 無廚房，有微波爐

格爾尼卡
Guernika / Gernika

　　位於畢爾包前35公里的小鎮格爾尼卡（Gernika），因畢卡索的同名畫作而聞名世界。作品的背景是二戰前夕西班牙內戰時，右派的軍事強人佛朗哥集結了德國希特勒、義大利墨索里尼形成了法西斯聯盟，德、義方面提供新型的空戰武器和地面部隊，在1937年4月26日對格爾尼卡進行慘無人道的轟炸。

　　1936至39年的西班牙內戰，可以歸因於左翼共和政府和右翼國民軍之間，長期的社會矛盾所引發的極端衝突，從意識形態對抗進而到實際交火開戰。前者的組成為社會主義、共產主義、勞工陣線，和訴求實施地方自治的地區如加泰隆尼亞、巴斯克、加利西亞；而後者則是長槍黨[16]、保守軍方、保皇派[17]、天主教會[18]勢力的集結。內戰時期，巴斯克沿岸的城市是佛朗哥國民軍的侵略目標，而格爾尼卡是敵方共和軍支援畢爾包的重要樞紐，拿下格爾尼卡後就能逐漸向畢爾包推進。因此佛朗哥利用德國納粹提供的新式轟炸機以及希特勒下令

← 格爾尼卡大空襲的歷史畫面。圖片提供：格爾尼卡大轟炸史料館，© Gernika's Bombing Documentation Center。

↓ 和平博物館內的展覽及畫作。圖片提供：格爾尼卡和平博物館基金會，© Gernika Peace Museum Foundation。

格爾尼卡和平博物館

💲 遊客5歐元，朝聖者3歐元

🕐 3到9月週二至六10am–7pm，
週日10am–2pm，冬季其餘
月份週二至六10am–2pm及
4pm–6pm；週一休館

組織的禿鷹軍團，聯合義大利的空軍，在小鎮對平民進行無情的空襲。當天是格爾尼卡的市集日，集結了不少附近其他城鎮來此參加市集的老百姓，在無預警的轟炸三小時後，格爾尼卡死傷慘重，建築物也大量被摧毀。

　　畫家畢卡索旅居巴黎時得知這場戰役，便創作了這幅以小鎮為名的黑白畫作，抱著孩子仰天哭泣的女人、被肢解的軀體、公牛冷漠的凝視，都是在藉由藝術控訴戰爭的無情與對犧牲平民是否具正當性的質疑。據說二戰期間德軍占領巴黎時，一位德國軍官曾到工作室拜訪畢卡索，看見〈格爾尼卡〉時曾問道：「這是你的作品嗎？」，畢卡索只冷冷回應：「不，這是你們的作品」。而在佛朗哥打贏共和政府建立長達40年的獨裁政權時，〈格爾尼卡〉在歐美各地巡迴展覽。畢卡索曾交待只要佛朗哥的法西斯政權一息尚存，〈格爾尼卡〉就絕對不會回到西班牙。1975年佛朗哥過世，1981年這部作品才回到西班牙國土，目前為馬德里蘇菲亞皇后博物館的館藏。而在北方之路進行朝聖之旅，也可在格爾尼卡鎮上的和平博物館看到這幅畫作的複製品。另外經過格爾尼卡市議會（Casa de Juntas），可在花園參觀從戰爭存活下來的橡樹，成為讓後世永遠引以為鑒的歷史傷痕。

↓ 現今的格爾尼卡市區相當現代新穎。

↑ 從戰爭存活下來的橡樹樹幹，
保存於市議會外的花園。

---

16 主張極權主義的右翼法西斯政黨，內戰結束佛朗哥掌權後將長槍黨列為唯一合法政黨。
17 西班牙第二共和國時期（1931-1939）希望波旁王朝復辟的派系。1873年，西班牙第一共和國創立不久就曾被保皇派軍方推翻過。
18 因土地改革對共和政府積怨已深，加上左翼激進人士也與教會或修道院不合。

海上的岩石城堡：
聖約翰加特魯加切島
San Juan de Gaztelugatxe

如果承受不住連日行走於巴斯克崎嶇陡峭山路的疲勞，想放鬆休息一天的朝聖者，聖約翰加特魯加切島是個非常值得到訪參觀的景點，雖然不在北方之路的正統路線上，但從格爾尼卡、畢爾包出發皆有大眾交通工具可抵達。

San Juan de Gaztelugatxe這巴斯克語地名讓外國朝聖者和遊客難以發音，一般音譯成聖約翰加特魯加切島，意譯的話可拆解成gaztelu-aitz，巴斯克語分別代表城堡、石頭，意為岩石上的城堡，可簡稱為石堡島；也有另一個解釋gaztelu-gatxe，意指難以抵達的城堡。

這座241個台階的小島有個傳說，據說聖約翰當時從附近漁村貝爾梅奧（Bermeo，與石堡島的距離約10公里）出發只走了三步就抵達現今島嶼的頂端。而相關的歷史文件記載最早出現在1053年，這座原本名為「Sancti Johanis de Castiello」的城堡當時捐贈給阿拉貢王國的修道院（Monasterio de San Juan de la Peña），1172年當地領主捐贈給卡斯提爾王國的修

從景點入口處登上岩石城堡島，也是一條充滿坡度的漫漫長路。

⬆ 從島上制高點所看見的美麗景象。
⬅ 島上的教堂。

道院（Monasterio de Santa María de la Vid）。14世紀時，這裡曾被當地比斯開貴族和領主當作抵抗卡斯提爾王國阿方索十一世攻擊的軍事據點，16世紀末期曾遭遇英國海盜德瑞克（Francis Drake）的掠奪與攻擊，1980年代曾遇過兩次火災。現今此地再度成為熱門景點，則是因為HBO知名影集「冰與火之歌：權力遊戲」劇中的龍石島在此取景，吸引不少劇迷前來朝聖。

當地的漁民在捕魚季開始前，或是居民身體有不適，都會到聖約翰加特魯加切島上的教堂祈求平安健康，據說在島上接觸聖人的腳印以及敲響教堂的鐘聲三下都能帶來好運。附近小鎮在相關節日會舉辦節慶活動遊行到此地。節慶日期： 6月24日聖約翰節從貝爾梅奧（Bermeo）出發，7月31日羅耀拉節從阿里埃塔（Arrieta）出發，8月29日聖約翰殉道日從巴齊奧（Bakio）出發。

登島有人數管制，建議出發前先上網登記參觀時間。目前尚不需付參觀費用，從入口處步行至登島大約3公里，途中也有不少上下坡，建議穿著舒適的鞋子前往。

> **聖約翰加特魯加切島**
>
> 🌐 門票登記：https://www.tiketa.eus/gaztelugatxe/
> 🚌 巴士大約一小時一班
> 　　從格爾尼卡出發：搭乘巴士3515至貝爾梅奧（Bermeo），再轉乘巴士3524
> 　　從畢爾包出發：搭乘巴士3518至巴奇奧（Bakio），再轉乘巴士3524

畢爾包
Bilbao / Bilbo

畢爾包古根漢美術館

$ 13歐元

🕐 週二至週日10am-8pm

🚫 週一、12/25、1/1全日休館；12/24、12/31僅開放10am-5pm

　　畢爾包是西班牙北部的重要大城市，同時也是巴斯克自治區比斯開省的首府。位處於內維翁河口（río Nervión），在中世紀時曾是比斯開領地與卡斯提爾王國的自然邊界。靠近出海口的畢爾包，因水運帶動商業、貿易、金融而繁榮。1875年開始因開採附近礦山，使得當地的鋼鐵、造船等重工業開始發展，隨之而來的金融銀行證券體系也因此建立。

　　西班牙內戰時期，畢爾包曾遭到佛朗哥國民軍嚴重的破壞和圍困。戰後重建時期吸引許多勞動人口移入，沿著河岸兩旁形成更大的市區，不過隨著鋼鐵工業20世紀末期開始沒落，造船廠紛紛關閉，城市則邁入轉型的階段，1990年開始整治受到重工業汙染的內維翁河，1997年畢爾包古根漢博物館成立，吸引世界各地的建築迷、當代藝術喜好者前來參觀，城市也成功地由重工業轉型成為服務觀光業。

⬆ 古根漢美術館成為畢爾包現代化的重大象徵。

⬅ 古根漢美術館前的著名藝術：Jeff Koons的作品Puppy。

　　除了古根漢博物館以外，畢爾包還有許多饒富趣味的當代建築，例如從市中心即可看見的金融大樓、白色極簡線條的祖比祖里步橋（Puente Zubizuri）、巴斯克衛生健康總部（Departamento Vasco de Sanidad）不規則多邊形的玻璃窗，呈現出不同於古根漢的另一種解構風格。另外還有法國知名設計師菲利浦·史塔克（Philippe Starck）將1909年的葡萄酒倉庫改建的阿茲庫納文化中心（Azkuna Zentroa），這裡結合藝文展覽、運動休閒、餐廳商店、圖書館、活動座談等綜合性機能。文化中庭內不同樣式的柱子、天花板透下游泳池的特殊設計、可以曬太陽放鬆發呆的露臺，讓人不禁感到驚喜，原來平常我們在社區活動中心的普通休閒娛樂，在歐洲國家呈現得這麼現代又充滿美感。

阿茲庫納文化中心

$ 免費參觀，藝文表演、運動中心可先上官網購票

🕐 週一至四7am–11pm，週五7am–12am，週六8.30am–12am，週日及國定假日8.30am–11pm

🌐 www.azkunazentroa.eus/az/ingl/home

⬆ 文化中心的圖書館空間非常舒適。天花板的泳池設計饒富趣味。
⬇ 文化中心的外觀。圖片提供：阿茲庫納文化中心，© Azkuna Zentroa–Alhóndiga Bilbao。

參觀完畢爾包的現代化建築，回到舊城區（Casco Viejo）所看到的景象又是另一番風情，狹小的街道、百年手工藝老店、18到19世紀的建築風格和咖啡廳，彷彿給人一種身在法國美好年代（Belle Époque）的錯覺。

　　離開畢爾包的前一晚或是當天，別忘了多嘗試幾間Pintxos Bar，這裡用料精緻，食材和烹調手法用心，加上巴斯克地區的物產豐富，有新鮮的魚或蝦、水分飽滿的大顆蘑菇，就連西班牙烘蛋（tortilla）也充滿各種變化，喜愛美食的旅人一定會對巴斯克地區的食物滿意到捨不得離開。

舊城區的街景以及聖週的遊行。

夜晚的酒吧人聲鼎沸越晚越熱鬧。

舊城區外的里貝拉市場有不少好吃的pintxos bar不容錯過。

畢爾包的竹籤小吃pintxos在食材使用上有不少創新的變化或料理方式，建議多吃幾家嘗試各種特色。

波圖加萊特
Portugalete

↑ 15世紀的古橋被現代工廠機具、
電線包圍的景象。

　　波圖加萊特位於內維翁河的出海口，前往此處有兩條路線，19公里的傳統路線是從畢爾包大教堂在市區內繼續往東邊前進，途中會經過一座15世紀的古橋（Puente de Castrejana，又稱魔鬼橋），傳說一位女子戀上岸邊的男子卻無法過河，這時出現一個神祕黑影告訴她：「只要妳願意獻出靈魂，在清晨公雞啼叫前我就可以幫妳蓋好一座橋。」女子毫不猶豫地答應了。但當她發現魔鬼的真實身分後，感到害怕後悔便開始祈禱，直到天亮公雞啼叫前，聖徒出現幫助她驅趕魔鬼，並且補上最後一塊石頭，這座橋樑一夜完工。不管傳說是不是真的，至少中世紀時從北方如英國、愛爾蘭的朝聖者搭船至波圖加萊特，必須通過這座橋前往卡斯提爾王國。

　　有別於傳統路線，另一條則是從古根漢美術館沿著河邊行走12公里，沿著河的東岸直行。為了欣賞不同角度的古根漢美術館，我選擇後者路線。雖然走

↑ 壯觀的紅色運輸鐵橋：比斯開亞橋。
← 另一條路線則是沿著河岸走3小時的工業區。

搭乘比斯開亞橋運輸橋

$ 乘客0.45歐元，自行車0.75歐元

← 城市中的上坡手扶梯，絕對令朝聖者感動不已。

出城外一直到波圖加萊特的風景不怎麼出色，沿途所見都是新型加工廠、廢棄舊工廠、起重機、貨運船，天氣炎熱時沒有樹蔭遮蔽，但在路面上特別規畫出步行與自行車的使用範圍，也有不少當地人遛狗、慢跑，讓人感受到儘管是城市外圍，仍然給予用路人尊重和相關設施。

不管原始路線或是替代路線，最後走進波圖加萊特時都會看見一座壯觀的紅色運輸鐵橋：比斯開亞橋（Puente de Vizcaya，或稱吊橋Puente Colgante）。

這座1893年開放使用的鐵橋由西班牙工程師和建築師巴拉西奧（Alberto Palacio）發想設計，並由法國建築師阿諾丁（Ferdinand Arnodin）接手，聯合打造出工業革命時期的劃時代產物——世界上第一座可同時搭載汽車和乘客的運輸橋樑，比斯開亞橋在2006年被聯合國教科文組織列為世界遺產。

工業革命時期由於畢爾包的發展帶動了資產階級到附近城鎮觀光的需求，因此需要一座兼顧內維翁河東西岸兩端城鎮的汽車運輸，同時又不會因水位升高影響船隻通行的橋樑，這座橋的啟用讓當時的遊客節省約20公里的旅程。

因此到訪波圖加萊特，記得多花點時間欣賞這座龐大的鐵橋，觀察汽車、腳踏車騎士被運送的過程，讚嘆百年前的建築工程就這麼具有創造力！

身為朝聖者，對波圖加萊特感到新奇的莫過於城市內的上坡手扶梯，尤其是在巴斯克山間行走一個禮拜，當日又在城市外圍工業區迷失了15公里，看到上坡時幾乎已經雙腳無力。而這座手扶梯的出現可說是沙漠中的綠洲，讓朝聖者絲毫不用費力就能往前移動，這在中世紀會被視作神蹟，而現今則是讓人讚嘆工業力量的強大。（若是搭乘現代交通工具地鐵或巴士抵達波圖加萊特，踏上手扶梯的感動會大幅減少，因此我認為付出相對的勞動還是必要的。）

巴斯克地區

　　行走在巴斯克自治區（Basque Country），打招呼說kaixo比hola有用，再見要說agur而非adios，倒是早安問候語egun on太難發音了，我還是用西文Buenos días。我想巴斯克人對我這位亞洲臉孔的朝聖者不會要求那麼多，畢竟初來乍到的外國人還不懂得如何分辨西班牙和巴斯克的差異。

　　夾在法國與西班牙山區之間，巴斯克語（Euskara或稱Euskera）卻與兩地皆無關聯，是一種完全不屬於印歐語系、跟拉丁文完全不同源的語言。

德巴（Deba）鎮上的聖
母馬利亞教堂，美不勝
收的半月形大門雕刻。

巴斯克人什麼時候出現，語言如何演化，歷史學家和人類學家有幾個不同的假設，不過大致的共識是巴斯克人的祖先屬於智人晚期的克羅馬儂人（Cro-Magnon），在舊石器時代晚期3至4萬年前移入伊比利半島，與後來西元前4000年的伊比利人生活區域和語言有重疊之處較為接近。

　　居住在易守難攻的山區，儘管伊比利半島上政權更迭，羅馬帝國、西哥特王國、伊斯蘭教勢力由南向北，以及東邊法蘭克帝國的入侵，似乎都沒有影響到這群巴斯克人的獨立性，中世紀時北部巴斯克海岸地區（現今北方之路經過的吉普斯夸省、比斯開亞省）屬於卡斯提爾帝國，而庇里牛斯山區下的潘普洛納則屬於巴斯克民族建立的納瓦拉王國。

　　行走在巴斯克幾個熱鬧城市，少了幾分像法國之路的中古世紀情懷，主要是因為西班牙近代戰爭，不管是與鄰國法、英交戰，邊界的陸路或是北邊海域交火處，巴斯克都首當其衝。1930年代西班牙內戰時期，巴斯克地區也是佛朗哥國民軍目標拿下的地區，因此這些地區戰後重建的現代建築較多。巴斯克人

行經巴斯克地區，時常可以看見與
政治主張相關的訴求。

繼承了祖先山間作戰的剽悍個性和血液，19世紀末卡洛斯戰爭後逐漸形成民族
主義，對地區獨立性和自治要求較高。1939年內戰結束後進入佛朗哥獨裁時
期，巴斯克文化受到高度打壓，公眾場合禁止說巴斯克語，一旦遭到舉報就會
送進監牢。語言文化存亡提升了民族認同感而產生分離主義，1958年成立的
埃塔組織（ETA，全名為Euskadi ta Askatasuna，意指巴斯克祖國與自由），
從佛朗哥時期的地下組織轉變為反政府武裝組織，產生不少引發社會動盪的案
件。2011年，埃塔宣布永久放棄武裝鬥爭，2017年交出所有武器並在隔年宣
布解散。如今行走在鄉間仍不時會看到相關的塗鴉，希望讓埃塔組織的政治犯
回到巴斯克地區接受審判或服刑的主張，或是巴斯克地區既非法國也非西班牙
的強烈宣言。

　　讓我們暫時忘卻民族主義的激情，將焦點放在現今這個時代最容易體驗出
巴斯克文化的不同之處：美食。巴斯克地區物價比西班牙小城鎮高，餐廳晚間
大多沒提供朝聖者套餐，感覺朝聖者在這裡似乎不足以成為一個經濟體。但如

鄉間小店的吧檯上有許多充滿變化的小菜。

巴斯克地區的pintxos食材、料理方式多元，絕對不可錯過。

酒吧中時常可見到的pintxos小吃「吉爾姐」。

果為了節省旅遊預算而沒有享受當地美食實在令人遺憾，因為地理環境和氣候有別於西班牙其他地區，海鮮、魚類、蘑菇等食材都特別出色。

巴斯克地區鄉間酒吧桌上擺的各色小吃pintxos（發音似品丘斯），看起來樣貌普通，美味程度卻令我驚奇。我在巴斯克小鎮吃到跟手掌一樣大小的炸魚排，魚肉厚實又充滿彈性；鋪上蟹肉棒美乃滋的西班牙烘蛋，是我走了四次朝聖之路已經吃膩一般西班牙烘蛋後得到的驚喜；還有略帶辛辣口感的蘑菇，原來裡面加上切細的蒜末和炒成焦糖色的洋蔥。一個不到2歐元的酒吧小食，用不同食材和料理方法造就出巴斯克地區的獨特美味。而大城市聖塞巴斯蒂安和畢爾包酒吧林立，烹調創新和食材多元自然不在話下，淋上蜂蜜芥末醬汁、烤過的厚片櫛瓜、飽滿的鮮蝦、或是將「吉爾姐[19]」（Gilda）的食材醃鯷魚、辣椒入菜，創造出各種變體，搭配特有的巴斯克白酒「txakoli」（發音似賈摳里），每天都因為享用這些美食而滿懷感恩和滿足。對於朝聖者而言，行走在巴斯克地區期間彷彿腳下在地獄，舌尖在天堂。從朝聖路返鄉後過了一段時間，我早已忘卻上下山時體力耗竭的苦痛，只記得享受美食當下的驚喜與幸福，而懷念不已。

19 吉爾姐，出自1946年麗塔‧海華絲（Rita Hayworth）主演的美國電影，辛辣又優美的性感曲線成為巴斯克酒吧的靈感，將西班牙辣椒、橄欖、醃鯷魚製作成形似的下酒小菜。

卡斯特羅烏爾迪亞來斯
Castro Urdiales

卡斯特羅烏爾迪亞來斯是踏進坎塔布里亞自治區後第一個具規模的熱鬧城鎮，這個地方自羅馬時期以來就有所開發，當時稱為卡斯特羅內格羅（Castronegro），是開採鐵礦的重要地方。中世紀時這裡是卡斯提爾王國對外貿易的港口，如今踏入小鎮沿著海岸線漫步進入舊城區（Puebla Vieja）前，就可以從遠方看見幾座美麗的古老建築，其一是13到15世紀興建的聖母馬利亞升天教堂（Iglesia de Santa María de la Asunción），一旁則是具有軍事防禦功能、建於12世紀的聖安娜城堡（Castillo y Faro de Santa Ana），以及一座中世紀羅馬橋和19世紀的燈塔。

1296年，沿著海岸的巴斯克和坎塔布里亞的城市，組成了同盟兄弟會（Hermandad de las Marismas），在卡斯提爾王國疆域下聯合發展軍事防衛，維護共同商業利益的自治組織，類似德意志在北海、波羅的海間的漢薩同盟。而當時的兄弟會便是以卡斯特羅烏爾迪亞來斯為中心據點，集結好幾個緊鄰坎塔布里亞海岸的城市[20]彼此合作，可見這裡自古以來的重要性。

到了現代則成為夏季觀光避暑勝地，遊客喜歡在悠閒的午後，待在市政廳前的廣場和舊城區迴廊下的餐廳，吹著徐徐海風，一邊欣賞美景一邊用餐。

↑ 舊城區的教堂、城堡、燈塔及羅馬橋。

20 例如Santander、Laredo、Bermeo、Guetaria、San Sebastián、Fuenterrabía、Vitoria、San Vicente de la Barquera，當中有不少北方之路會經過的地方。

市政廳前的廣場及迴廊下的餐廳，
適合坐下吃東西欣賞海景。

夜晚的卡斯特羅烏爾迪亞來斯。圖片提供：坎塔布里亞旅遊局，© Turismo de Cantabria。

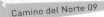

特 色 庇 護 所

Albergue La Cabaña del Abuelo Peuto

位於圭梅斯（Güemes）小鎮，沿途盡是坎塔布里亞地區的農村風光，雖須多繞路500公尺，卻是北方之路上非常著名的住宿地點。

庇護所位於擁有者埃內斯特神父（Ernesto Bustío）其祖父家族一百年前的居住地，西班牙內戰時期，埃內斯特全家搬到加泰隆尼亞地區求生，年輕時就讀神學院，後來在歐洲群峰（Picos de Europa）山間的教區服務，也曾在世界各地如非洲、拉丁美洲、中東地區遊歷。1999年，房子對外向朝聖者開放。現今這裡已具有衛浴、洗衣機、無線網路等現代化設備，許多設施都是靠著過去埃內斯特家族和志工團隊的努力、朝聖者的奉獻一點一滴累積而成。

在這裡住宿，接待處溫馨的氣氛、交誼廳的書籍收藏、三層式的宿舍床位，以及充滿誠意的朝聖者晚餐和隔天早餐，都是非常奇特的體驗。晚餐前志工會講解這座建築的歷史、接下來幾天的路線以及神父進行的社會計畫（例如邀請偏遠山區或非洲弱勢族群來此交流等），晚餐後也會在小屋旁的教堂由神父講解朝聖之路與人生相關的哲學。

跟其他私人庇護所相比，這裡的特別之處在於團隊分工配合和組織運作。通常在朝聖之路上，朝聖者受到的幫助多過於付出，但在這裡朝聖者不僅是接受服務的群體，而是最有能力透過己身經驗或捐獻造福其他族群的人。

> **庇護所：Albergue La Cabaña del Abuelo Peuto**
> 🕐 全年
> 🛏 70至100人，提供晚餐、早餐
> 💲 自由樂捐
> ❗ 按照抵達順序入住，不能事先預約

↓ 庇護所的外觀，是頗具規模的建築。

↓ 埃內斯特神父晚餐前的庇護所相關介紹時間。

↑ 房間的床位，甚至有三層的床鋪。

海邊的聖堤亞娜
Santillana del Mar

　　海邊的聖堤亞娜是坎塔布里亞地區非常知名的觀光景點，法國存在主義哲學家暨文學家沙特曾在他的經典作品《嘔吐》（*La Nausée*，又譯《噁心》）提過聖堤亞娜是西班牙最美的小鎮。到了現代，西班牙為推廣人口密度較低地區的文化觀光發展，成立「西班牙最美的村莊協會」，而海邊的聖堤亞娜也得到該協會認證（北方之路上另一個得到認證的是加利西亞地區的蒙多涅多）。

　　海邊的聖堤亞娜巷弄是鵝卵石路面的徒步區，這裡有一座古老的聖朱利安娜教堂與修道院（La Colegiata de Santa Juliana），聖朱利安娜來自尼科美迪亞（現今土耳其）貴族家庭，在羅馬帝國打壓基督教的時代，她暗中受洗信仰耶穌，拒絕父親為她安排嫁給異教徒的婚事，在西元304年殉道而死。據說聖女死後遺骨被帶到義大利，運送年代久遠已不可考，因此真正存放處有不同傳言和說法，西班牙北部普遍相信聖女的遺骨是在9世紀時被帶來存放在當時海邊的聖堤亞娜修道院，之後此處又在12、13世紀擴建成可觀的羅馬式教堂。

　　這個小鎮的另一個著名參觀景點，是2公里外的阿塔米拉博物館（Museo de Altamira），裡面介紹舊石器時代距今36000到13000年前，居住在坎塔布里亞岩洞裡的史前人類生活模式。展覽空間以深入淺出的影片或館藏介紹如何磨製器具、打獵、上古人種的

👆 進入海邊的聖堤亞娜前的漫長管線與工業區。

類別，以及考古研究如何進行等。博物館內最重要的則是阿塔米拉岩洞內史前壁畫的等比例複製品。到了20世紀，岩洞湧進太多參觀遊客，空氣、濕度變化導致壁畫損壞，因此現在的岩洞真跡一週只開放五個名額入內參觀。

　　不過光是複製品也非常具可看性，鮮明的色彩、簡單的線條卻能寫實呈現出野牛、雌鹿等不同動物的面貌，欣賞如此栩栩如生的史前藝術絕對是朝聖之路上難得的體驗。

🔼 朝聖者與聖朱利安娜教堂與修道院。圖片提供：坎塔布里亞旅遊局，© Turismo de Cantabria。

🔼 小鎮巷弄間的美麗景象。圖片提供：坎塔布里亞旅遊局，© Turismo de Cantabria。

🔼 距離小鎮2公里外的阿塔米拉博物館。考古遺跡挖掘的樣貌完美呈現。

🔼 館內的動物壁畫雖是複製品，但呈現得非常逼真。

阿塔米拉博物館

- 💲 3歐元
- 🕐 夏季5至10月週二至週六9.30am–8pm，週日和節假日9.30am–3pm；冬季11至4月週二至週六9.30am–6pm，週日和節假日9.30am–3pm
- 🚫 每週一以及1/1、1/6、5/1、6/28、12/24、12/25、12/31全日休館

特色庇護所

Albergue de Peregrinos Izarra

庇護所位於海邊的聖堤亞娜之後6公里的卡伯列東多（Caborredondo）小鎮，多數人會住在前者由修道院改建的庇護所，以便多花點時間欣賞這座美麗的觀光城鎮，但對於喜愛寧靜或對聖雅各之路文化有興趣的朝聖者，更想體驗不同類型的庇護所，在晚餐時刻與其他朝聖者或hospitalero交流。這間庇護所提供乾淨整潔的環境，有集中收納背包的個人置物櫃、鞋櫃，每個床位皆有自己的電燈和插座，庇護所主人亞歷杭卓早年經營原始之路上波登納亞（Bodenaya）庇護所，受到眾多朝聖者喜愛，現在則在坎塔布里亞地區繼續為朝聖者提供服務。房間空間寬敞，還有戶外草地可以休息，不過人多時使用廁所會等久一點。

我拜訪這裡時適逢西班牙聖週及歐洲復活節假期，入住的朝聖者多到要另外加桌子才能讓所有旅人一起吃飯。亞歷杭卓甚至沒能坐下和我們一起用餐，只見他忙進忙出準備晚餐，看著眼前飢腸轆轆的朝聖者狼吞虎嚥，默默貼心地幫大家添加食物，我想唯有熱愛朝聖之路，不分國籍、種族、職業，真心關懷朝聖者的人才做得到吧！

↑ 庇護所內床位區。

↑ 庇護所外觀。

庇護所：Albergue de Peregrinos Izarra

🕐 全年

🛏 20，提供晚餐、早餐

$ 自由樂捐

ⓘ 庇護所雖沒有明定關閉季節，冬季時最好先寫信確認有無開放，淡季時這裡的經營模式可能會改以定價收費，例如床位6歐元，早餐2歐元等，價位都非常合理。

科米利亞斯
Comillas

距離海邊的聖堤亞娜23公里後的科米利亞思，不僅是皇室夏季的避暑勝地，更是欣賞高第年輕時期作品奇想屋（El Capricho）的朝聖地！

1883年時，高第接獲委託替曾在古巴工作的律師基哈諾（Máximo Díaz de Quijano，1838–1885）建造別墅。在西班牙19到20世紀的近代歷史上，有一個族群被稱為「Indiano」，他們故鄉多在西班牙北部、加泰隆尼亞沿岸或加那利群島，年輕時前往拉丁美洲發展獲得巨大財富後，退休回到故鄉建造高級私人別墅，並以熱帶植物作為裝潢或造景，此種風格的建築則叫做「Casa de Indianos」。

↑ 高第奇想屋建築外觀與內部的溫室空間。

剛踏入高第奇想屋就能看到種植熱帶植物的透明玻璃溫室，遊客在此觀看介紹影片，感受室外的自然採光。高第年輕時期的作品時常加入東方元素，在這裡也可發現穆德哈爾式風格的多邊形柱頭和窗框。而外部的向日葵瓷磚、大膽的配色、彩繪玻璃窗上的動物，都極具新奇和特殊風格。

1885年接近完工時，基哈諾律師因為健康因素只在這棟別墅住一週就過世了，財產傳給家族成員，在1977年面臨被轉手拍賣的命運，1988年有商人買下建築物改成餐廳，直到2009年時才改建成對外開放的博物館。

高第奇想屋

Ⓢ 5歐元

🕐 夏季7到9月10.30am–9pm；冬季11至2月10.30am–5.30pm；其餘月份10.30am–8pm

㉄ 12/24、12/25、12/31、1/6全天休館

坎塔布里亞自治區

　　離開畢爾包和波圖加萊特後，朝聖之路慢慢進入坎塔布里亞地區，雖然也有山路和森林，但和巴斯克地區相比容易許多。這種長距離至少需要一個月的朝聖之旅，第二、第三週是體力上逐漸適應，但心態上難免疲乏的階段。這個區域雖有美麗的沙灘和海景，不時能看到衝浪客乘著浪頭奔馳，但當離開海岸度假區域，獨自走在公路上，進入城市前看到掛著「待售」（Se Vende）的農地或建案空屋，仍不免感到蕭條無趣。

　　我沒有仔細去統計朝聖者在坎塔布里亞地區有多少比例時間走在柏油路面上，每天在路上或是庇護所遇到朝聖者時幾乎都是以「柏油路讓人腳底板很痛」來開啟對話。高速公路、農村小徑都是柏油鋪成，好不容易遇到山上的泥土路，卻是多雨氣候下難以前行的泥濘之地，這種視覺和心理的疲乏加上陰鬱潮濕的空氣，令人頗為沮喪。

　　就算進入知名的美麗小鎮海邊的聖堤亞娜曾試圖振奮自己，仍然被沿途綿延不絕的工業運輸管線震撼到，千年朝聖古道的想像逐漸幻滅，取而代之的是

坎塔布里亞的待售
空地、集合建築。

眼前具象化的現代產物：高速公路、高架橋、鐵路，以及一整排宛如模型般長相一模一樣的海邊別墅空屋。

不過千萬別因為我這樣的形容而對北方之路感到退卻，工業化、過度膨脹的房地產、狹長的產業道路和快速行駛過的貨車，是當今社會註定要遇到的人生課題。商業、房價、物流系統，這些中世紀時不需要煩惱的問題，讓現代人顯得更加世俗。有些朝聖者覺得這個路段很無聊，但我行走時得到一個體悟：有人說朝聖之路就像人生的道路，那麼我現在踏著的路途就算再無趣也就是人生的一部分。換句話說，坎塔布里亞可以反映出「朝聖即是人生」的真實感，幸好就算再無聊也總有走完的一天，何況這一路上有史前壁畫、有高第建築，還有許多溫馨有趣的庇護所呢！

在北方之路上，朝聖除了用雙腳前進外，在巴斯克地區坐小船、運輸橋、手扶梯，到了坎塔布里亞地區，在拉雷多（Laredo）到桑托尼亞（Santoña）冬季以外的季節則可搭乘渡船，而進入坎塔布里亞的首府桑坦德

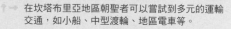
在坎塔布里亞地區朝聖者可以嘗試到多元的運輸
交通，如小船、中型渡輪、地區電車等。

（Santander）也是一樣以水路抵達。桑坦德之後14公里的小鎮布德皮耶拉戈斯（Boo de Piélagos）有個火車站，從這裡搭一段電車只需兩分鐘的時間就到下一站莫格羅（Mogro），立刻省下9.5公里沿著河邊步行兩小時的力氣和時間。當年我在法國之路上時曾給自己一個期許：「全程步行」。因此在那次旅途的整個月中，不管其他朝聖者跟我說接下來工業區有多無聊，離開大城市有多耗費力氣，我都把它視作朝聖者必經的歷練，一步一步地走到聖地牙哥，儘管後來在時隔30多天搭上快速移動的機場巴士時，內心並沒有想像中的特別激動。

坎塔布里亞地區的路標指示以及人車分道的規畫。

　　這次走北方之路，我在巴斯克地區花了一天搭車去海邊觀光，遠離朝聖路線，等待公車的同時不免有股罪惡感油然而生。好在朝聖者在這兩個地區，比起觀光客、衝浪客都算是少數，在淡季時甚至無法成為經濟體，一般餐廳沒有朝聖者特餐，酒吧也不會特別為朝聖者蓋章。反正距離目的地還很遠，身體疲累得讓我沒有那種「一定要抵達聖地牙哥」的決心，自然也就失去了「一定要堅持全程步行」的道德感。

　　卸下這種朝聖者自以為是的道德束縛後，跳上前往莫格羅小鎮的電車，即使行駛不快也足以讓人心跳加速，路途看似無聊的坎塔布里亞就這樣又賦予了朝聖者另一種解讀意涵。

　　「坎塔布里亞為我們上了樸實生活的一課，迫使健行的旅人善用自己的感官，在醜惡現實的表面上去探索幸福的微笑，去發現意料之外的善美之花。」

　　　　　　　　《一個人的不朽遠行：聖雅各朝聖之路》，尚-克里斯朵夫・胡方

特 色 庇 護 所

Albergue Aves De Paso Pendueles

　　本篤埃雷斯（Pendueles）是進入阿斯圖里亞斯地區後的小鎮，庇護所主人哈維耶幽默風趣，環境維持得非常整潔。一樓入口是客廳和用餐處，樓上則是朝聖者就寢空間，早晨不需要設定鬧鐘，哈維耶會播放音樂喚醒大家起床吃早餐，晚餐時間和朝聖者交流外，也可以聽哈維耶分享在庇護所遇到的趣事。我入住這裡時，剛好是歐洲復活節假期結束之後，朝聖路上漸漸恢復平靜，在庇護所遇到的都是這幾天路上常見的熟面孔。這個階段之後可說是告別了坎塔布里亞漫長的柏油路，大家關心的是接下來要繼續沿海岸線走北方之路，還是走山區的原始之路？哈維耶提供有趣的答案，在正式回答前他先反問：「你喜歡什麼顏色，藍色還是綠色？」

　　的確，朝聖者徵詢他人意見時其實很少傾聽自己內心的聲音，走過巴斯克、坎塔布里亞，進入阿斯圖里亞斯，其實不需要擔心原始之路是否太困難，路面困難與否可以慢慢克服，更重要的是接下來的旅程，朝聖者想感受什麼風景，想有什麼樣的體驗。待在這裡的當晚，我使用庇護所提供非常優質的設備、豐盛的晚餐和紅酒，也得到朝聖路上新的收穫：「傾聽內心的聲音。」

← 前往本篤埃雷斯小鎮路上的風景與庇護所的外觀。

庇護所：Albergue Aves
De Paso Pendueles
🕐 3到10月
🛏 20，提供晚餐、早餐
💲 自由樂捐

特色庇護所

Albergue Casa Rectoral

庇護所：Albergue Casa Rectoral

🕐 復活節到10月底　🛏 54　💲 8歐元

　　這間庇護所並未出現在我的手機app和旅遊指南上，而是透過德國朝聖者的資訊才知道的（這條路上如果沒有認真做功課，跟著說德語的朝聖者準沒錯，他們總是有很完整的指南和網路資訊）。庇護所位於皮涅列斯德普里亞（Piñeres de Pría）小鎮，這座小村莊介於阿斯圖里亞斯較熱鬧的兩個城市間，在利亞內思（Llanes）20公里之後、里瓦德塞亞（Ribadesella）10公里之前。村莊內有兩間庇護所，沿著朝聖路線會先抵達設備較新穎的住處Albergue La Llosa de Cosme，而Albergue Casa Rectoral則要再多走20分鐘爬上一座小丘，才能找到這座位在教堂旁邊的住處。

⬆ 爬上山坡以後，右手邊白色建築就是今晚入住的地方。

← ↑ 古老建築和現代建設交替，具有時代感的爐子。

　　這間隸屬於當地教區的庇護所由非常古老的房子改建而成，可以從大門或窗戶的拴、廚房的暖爐感受到這棟建築物的歷史。庇護所有現代化的沖澡設施、投幣式洗衣機、販賣機、暖爐，天氣冷時自己的睡袋再加上他們提供的毛毯，簡樸生活的朝聖者需要的設備也就這麼多而已。庇護所有個小型教堂，雖然hospitalero無法用英文溝通，但非常熱心介紹與幫忙，甚至可以幫朝聖者打電話向餐廳訂晚餐。

　　庇護所的地理位置剛好在山丘上，最令我印象深刻的是雨過天晴後從窗外看出去教堂身後的風景和晚霞，以及對面山脈的景觀。淡季時朝聖者不多，除了我之外只有另外兩位德國朝聖者，我們在山區得以享受寧靜的一晚，獲得非常奇特的住宿體驗。

↓ 傍晚時刻庇護所窗外的晚霞。

里瓦德塞亞
Ribadesella

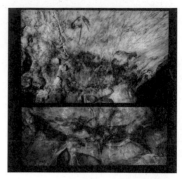

↑ 岩洞中清晰的動物壁畫。

參觀完阿塔米拉岩洞博物館對史前遺跡仍有濃厚興趣，北方之路上進入阿斯圖里亞斯地區後的里瓦德塞亞，也有蒂托‧巴斯蒂由岩洞（La cueva de Tito Bustillo）和博物館，這裡的岩洞壁畫開放真跡讓遊客參觀，因此有人數管制，必須先上網購票。不過就算岩洞參觀額滿仍然可到旁邊的博物館參觀。據考古推測，這裡與阿塔米拉洞穴一樣也是屬於馬格德林文化（Magdalenian），為舊石器時代後期的文明，主要分布在西班牙北部、法國等西歐地區。而蒂托‧巴斯蒂由內挖掘到的使用器具大約距今15000到11000年前，壁畫則是33000年到10000年前的遺跡。透過展覽，可以瞭解史前人類以打製石器為武器、狩獵的生活形態、以獸皮製衣，甚至懂得使用針線，也會將貝類、動物的牙齒和骨頭製作成飾品。這裡最著名的裝飾品為項鍊墜子的山羊雕刻。洞穴壁畫則有著名的野馬、鯨魚和女性人體等。這裡屬於喀斯特地形，除了有壁畫的岩洞外，還可以在進入博物館時預約參觀另一處大型鐘乳石柱洞穴（Cueva de Ardines）喔！

巴斯蒂由岩洞和博物館

$ 博物館5.45歐元，洞穴壁畫4.14歐元（須事先預約時段）

🕐 夏季週三至週日10am–7pm，其餘月份10am–6pm，洞穴開放季節3至11月參觀人數限制15人須先行預約

休 週一、週二，12/25、1/1、1/31全天休館

🌐 www.centrotitobustillo.com

← 進入里瓦德塞亞看到的標誌。

特色庇護所

Albergue de Peregrinos La Ferreria-Amandi

　　距離上個城鎮比亞比西奧薩（Villaviciosa）只有2公里，由一對夫妻塞吉歐和艾杜恩共同經營，床位不多，時常客滿。他們熱心供應朝聖者水果餅乾熱茶，晚餐提供豐盛沙拉和西班牙蔬菜燉飯，非常有熱忱和耐心回答朝聖者對於往後幾日路程上的疑問，尤其是隔天再走1.5公里後，就會遇到北方之路與原始之路的交叉點，因此有不少朝聖者選擇前一晚住在這裡，隔天踏上原始之路。舉凡教堂修道院等文史資料，或是其他朝聖路線的問題，塞吉歐都能從書架上找到資料來幫大家解惑，好比我一直在查前往科瓦東加聖所的方式，查到的都是沿著公路走或是直接搭巴士的資訊，而塞吉歐立刻翻出一張路線圖，原來真有另外一條80公里的徒步路線可以從希洪一路走到科瓦東加，其中一站就是La Ferreria-Amandi小鎮！

　　雖然不確定何時會踏上前往科瓦東加聖所的徒步朝聖之旅，但塞吉歐熱情地歡迎我隨時再來入住，他們的熱忱讓我深受感動，佩服他們不是只把照顧朝聖者當成工作，而是把朝聖者拉進他們家一同生活的親切感。在這些含早晚餐的自由樂捐庇護所，庇護所主人的真誠，朝聖者之間的交流，還有如同家人般的共同生活方式，都是北方之路上獨特的經驗和回憶。

庇護所：Albergue de Peregrinos La Ferreria-Amandi
🕐 3到10月　🛏 12，提供晚餐、早餐　$ 自由樂捐

↑ 庇護所的外觀及空地上的曬衣及戶外座位空間。

↑ 分支路線上若有機會別忘了參觀阿斯圖里亞斯前羅馬式的古老教堂San Salvador de Valdediós，圖片提供：阿斯圖里亞斯旅遊局，© Turismo Astuias，攝影：Noé Baranda。

↑ 庇護所當天晚餐：蔬菜燉飯（Paella de verduras）。

↓ 隔日上路會遇到兩個不同方向，繼續走海線到希洪或是往內陸到奧維耶多的原始之路。

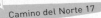

盧阿爾卡
Luarca

豐特拜薩花園

$ 4歐元

⏰ 11am–2pm及4.30pm–8pm

⚠ 需透過電話+34 678 865 276
事先預訂並參加導覽

　　盧阿爾卡是個寧靜的漁業小鎮，被形容為「綠色海岸線上的白色村莊」，是面向坎塔布里亞海被綠意盎然的山丘圍繞的美麗城鎮。在盧阿爾卡有七棟「Indiano」別墅，也就是之前在科米利亞斯提過，西班牙人到拉丁美洲發展帶回巨大財富返鄉定居蓋的別墅。這些房子（Casa de Indianos）目前多為私人物產，有些成為空屋，也有成為公家機關如市中心的Villa Tarsila，或是改建成為旅館的Villa La Argentina。

　　進入盧阿爾卡是狹長的上坡，朝聖者想抄捷徑直接抵達市中心恐怕會錯過途中從至高處欣賞這個美麗漁港的機會，映入眼簾的美景絕對是辛苦爬坡後的甜美果實。在盧阿爾卡有多處海灘可以放鬆戲水，距離市中心一公里左右的豐特拜薩花園（Jardin de Fonte Baixa）則是占地20公頃，西班牙最大的私人植物園，引進來自世界各地的植物花卉，欣賞園內植物和造景，搭配沿海岸從高處欣賞盧阿爾卡的風景，美不勝收。

　　盧阿爾卡在夏天有不少熱鬧的慶典活動，最著名的是8月15日玫瑰聖母節（Fiesta de Nuestra Señora del Rosario），聖母被當地漁村視為航海的守護神，因此在聖母升天節時，小鎮居民會扛著聖母像從教堂出發遊行至海邊登船並航向坎塔布里亞海，啟程時周遭的漁船鳴笛慶祝，民眾獻花或是開著小船在海上遊行，向過去遭遇海難或失蹤的航海人致敬紀念。

↑ 鎮上的全景。圖片提供：盧阿爾卡市議會，© Ayuntamiento de Valdés。

↓ 朝聖者進入盧阿爾卡時從高處看到的美景。

↑ Casa de Indianos別墅以及熱帶植物裝飾。圖片提供：盧阿爾卡旅局，© Oficina Municipal de Turismo de Luarca (Valdés)。

↑ 玫瑰聖母節日的出海活動。圖片提供：盧阿爾卡旅局，© Oficina Municipal de Turismo de Luarca (Valdés)。

←↑ 聖蒂莫西節小鎮的熱鬧遊行活動。圖片提供：阿斯圖里亞斯旅遊局，© Turismo Astuias，攝影：Camilo Alonso。

　　8月22日則是鎮上主保聖人聖蒂莫西的節日（Fiestas de San Timoteo），在1910年時本來只是一群好朋友組成的小型夏日公園派對，分享食物、蘋果酒、彈吉他演唱，後來吸引越來越多阿斯圖里亞斯居民前來參加。現在節慶會從21日晚上放煙火慶祝，22日則身穿T字衣服或是胸前掛著T字麵包，手持拐杖，大家一起遊行到聖蒂莫西的小教堂公園慶祝。

塔皮亞德卡薩列戈
Tapia de Casariego（簡稱Tapia）

　　塔皮亞是位於分支路線上的海岸小鎮，在看到分岔的指標再步行5公里即可抵達。會對塔皮亞產生印象，主要是因為翻閱指南時看到一張美麗的海景照片標注著「the view from Tapia de Casariego's albergue」，便決定要在這個一出門就能看到海景的庇護所住上一晚。

　　在塔皮亞沿著海岸線散步是美好的朝聖經驗，雖然從第一週至此朝聖者已見過無數沙灘，擁有不少海邊行走的經歷，但一想到再過13公里進入加利西亞的第一個城市里巴德奧（Ribadeo）之後，朝聖路線漸漸轉向內陸，多數人就會選擇沿著海岸慢慢前行。

⇧ 庇護所內的空間及床位。

庇護所：Albergue de peregrinos de Tapia de Casariego

🕐 全年　🛏 30　💲 8歐元

⇧ 分支路線的指標。

↑ → 塔皮亞的海岸線景觀。在庇護所外的長椅
野餐、喝啤酒放鬆欣賞海景非常享受。

　　5月初的塔皮亞天氣多雲，吹著陣陣海風，整個小鎮頗為寒冷，我穿著羽
絨衣在天黑之前閒晃小鎮一圈，心想著如果是夏天抵達這裡，在海灘玩耍或在
庇護所外的觀景區喝啤酒該是多麼快樂。不過換個角度想，邁入朝聖旺季，這
裡想必一床難求，能夠在此停留聽著海浪聲入睡已很幸福。

　　離開塔皮亞的路線平易近人，風景優美，步行約7公里後的海灘附近有餐
廳及酒吧，邊看海景邊吃早餐，朝聖之路至此已不再是苦行，更多的是心靈的
喜悅和享受，感激眼前現有的一切。

←↑ 離開塔皮亞的沿路風景。

→

阿斯圖里亞斯地區

　　進入阿斯圖里亞斯自治區，走在柏油路與山間泥土路的時間大概一半一半，腳底的負擔頓時輕鬆許多。進入大城市希洪（Gijón）前，朝聖者數量並不多，小鎮的餐廳日間提供朝聖者套餐，晚間則恢復單點。我之前已在原始之路領略了阿斯圖里亞斯的美好，所以非常期待進入這個階段。

　　進入希洪前，必須提早向選擇走原始之路的朝聖者告別，喜歡蔚藍海景、沙灘的人會留下，喜歡歷史故事、翠綠青山、挑戰自我的人會往內陸走去，兩種景色各有擁護者。遊客中心的觀光傳單將這區形容為「Asturias paraíso natura」，真是一點都不錯。阿斯圖里亞斯有山有海，有歐洲群峰（Picos de Europa）、洞穴壁畫、科瓦東加聖所和湖泊，以及自8世紀以來兩個宗教勢力互相抗衡的血淚故事，當我跟庇護所老闆聊天時，他們都非常以住在此地為榮，甚至有人從巴塞隆納搬到這裡定居。

科瓦東加洞穴與聖所是收復失地運動的起源地。圖片提供：阿斯圖里亞斯旅遊局，© Turismo Astuias，攝影：Juanjo Arrojo。

歐洲群峰是西班牙愛好登山者夏季喜愛前往的地方。圖片提供：阿斯圖里亞斯旅遊局，© Turismo Astuias，攝影：Manuel S. Calvo

科瓦東加湖也是阿斯圖里亞斯的知名景點。圖片提供：阿斯圖里亞斯旅遊局，© Turismo Astuias，攝影：Paco Currás S.L.。

阿維萊斯美麗的市中心街道。
回首來時路看見進入阿維萊斯前的工業區廠房林立。

　　當然，天堂不是百分之百的美好，如果你詢問走過北方之路的人，或是在北方之路經營庇護所的人，「假使我的假期不夠，必須跳過幾個路段，您會推薦哪些地方？」，所有人絕對異口同聲地說：「希洪到阿維萊斯（Avilés）！」這段路程24公里經過的全是工業區，顯然比海邊的聖堤亞娜之前的運輸管線還令人失去朝聖意志，我一直謹記著眾多這條路上經驗老道前輩的意見，心想著等我抵達希洪看是要擲銅板，還是跟隨我心裡的聲音，再決定是要步行還是節省一天搭車前進。

阿斯圖里亞斯食物多是樸實的鄉村菜色，酒吧裡的夾肉麵包用料實在且價格便宜。

　　進入希洪的外圍，狹小的朝聖路線與頻繁的來車不停爭道，讓人不禁懷念就算在畢爾包外圍工業區，路面總是規畫好腳踏車道、人行道、一般車道，坎塔布里亞也是，人行道與汽車代表著不同顏色，沒有特別標示的幾乎都是在較偏僻的農村小路上，在那些地方總是可以感受到安心和驕傲，朝聖者抬頭挺胸，宣誓此地就是「步行者的人權」進步地區。或許我這樣形容進入希洪的道路有失公允，就當我是在又熱又累又要躲車的昏頭情況下，倉促地做了決定，不需要擲銅板了，我要義無反顧地走向巴士站搭車前往阿維萊斯。

　　隔天離開阿維萊斯，從上坡處往回望去，遠方的廠房林立，煙囪對著天空吐出陣陣白煙，我告訴自己應該不會在夜深人靜回想北方之路時對跳過這段路程感到遺憾。

阿斯圖里亞斯的特產蘋果酒特殊的倒酒方式，
讓產生的泡沫可以釋放出蘋果酒的香氣。

　　不過撇開這段工業區路程，整體而言行走在阿斯圖里亞斯地區還是非常愉快的回憶，例如山區與海岸並行的路線、充滿生命力的森林、積水的泥巴坑裡蝌蚪正悠游著、古老的教堂、布滿雜草的不知名廢墟古跡，以及在酒吧點份早餐，雖然賣相不如前兩地區精緻，但用料實在，鄉間物價也便宜到讓人不敢置信，蘋果酒一整瓶不到3歐元，夾肉排的麵包不到1.5歐元，隨意走進當地小店都有意想不到的收穫呢！

　　阿斯圖里亞斯的吊腳糧倉「hórreos」在這裡多呈現方形，沿著北方之路的鄉村就可以看到各種吊腳糧倉設施，當地居民的用途也各異其趣，舊式的用來存放木柴、曬衣服、作烤肉架、甚至當車庫使用；新式的則會在糧倉下再蓋一座完整倉庫，也有改建加裝玻璃窗，看起來像是森林度假小屋，種類功能多變。

　　西班牙國土幅員廣大，每個地區各有特色。阿斯圖里亞斯地區比起其他熱門觀光城市較少外國遊客，是西班牙本國人夏日避暑勝地，這個歷史悠久的王國擁有原始美麗風景，民風淳樸，不過度喧囂和商業化，值得受到更多遊客喜愛。

阿斯圖里亞斯的方形吊腳糧倉除了儲藏功能還有各種用途，例如圖中這座改良成觀景台空間。

此區域的朝聖方向是依照貝殼匯集之處前進，跟其他地區較不一樣。

在Cuerres小鎮上有間特別的庇護所Reposo del Andayón，手機規定要留在門外，住客要穿上庇護所的衣服，主人提供有機蔬食，沖澡環境也很特別，如果經過有機會可以試試看。

特色庇護所

Albergue O Xistral

在阿巴丁（Abadín）小鎮的6公里之後，穿越翠綠的加利西亞，位於朝聖路線上臨近A8公路，有一間典型加利西亞石板屋改建而成的私人庇護所：Albergue O Xistral。外觀看起來傳統但內部裝潢新穎溫馨，由於這附近並沒有商店或酒吧，入住的朝聖者多在庇護所享用晚餐。

↓ 在加利西亞地區時常看見的石板屋。

↑ 庇護所的戶外空間和深受西方遊客喜愛的游泳池。

　　與其說是庇護所，我覺得這裡更像度假小屋。在這裡吃飯、喝點紅酒，躺在沙發上或是窩在暖爐旁看書、寫日記，都非常自在愜意。床墊與棉被非常舒服柔軟，庇護所也維持得非常整潔乾淨。我一直很喜歡住在老房子或是修道院改建的庇護所，而這裡是我認為老屋改造的住宿環境裡最舒適的前幾名。雖然離公路近卻沒有吵雜的聲音，是很寧靜的鄉村度假小屋。

　　天氣炎熱時，戶外空地有游泳池設施，不過庇護所老闆說加利西亞的冬天太長，夏季以外還會興奮跳進游泳池的朝聖者就只有德國人而已。

　　結果幾天後我還真的收到之前認識的德國朝聖者傳來的泳池照片，看來老闆說的果然沒錯！

庇護所：Albergue O Xistral

🕐 復活節前的聖週至11月　🛏 20

💲 12歐元。晚餐10歐元、早餐3歐元另計

❗ 抵達時間較晚或是淡季入住，建議先打電話預訂，方便屋主替朝聖者準備晚餐用料

☎ +34 673 524 257

索布拉多修道院
Monasterio de Santa María de Sobrado

庇護所：索布拉多修道院

🕐 全年　🛏 120　💲 6歐元

　　距離星野聖地牙哥前52公里，有一座古老的索布拉多修道院，952年時由加利西亞的伯爵興建而成，取名為聖薩爾瓦多修道院，在剛建好的150年間並沒有太多文獻資料記載，12世紀初期修道院甚至遭到廢棄。1142年，修道院的土地繼承人將經營權交付給熙篤會，成為修士修行和發展經濟活動的場所。現今看到的多數建設是在12到15世紀間完成，教堂是17世紀完成的巴洛克式建築，內部則有文藝復興式的聖器收藏室。到了19世紀，跟許多修道院一樣，受到教會沒收運動導致修士離開、土地被轉賣成為私有地，擁有者不善維持幾乎

🔆 修道院的外部建築。

↑ 修道院的正門口。

← 內部中庭及迴廊。

成為廢墟，直到1954年樞機主教正視問題後，1966年委託坎塔布里亞教區的主教進行重建，索布拉多修道院才又成功地呈現在世人眼前。

今日的修道院除了提供遊客參觀外，也成為朝聖者的庇護所，公共空間有廚房、投幣式洗衣機和烘衣機，房間則為12人一間的上下鋪。中世紀的修道院除了講授神學知識、精神修行外，修士也發展出自給自足的經濟活動，如釀酒、農業、畜牧等。現代的修道院也延續這股精神研發自家產品如果醬、乳酪等販賣給觀光客，有趣的是，他們還有有機菜園和溫室種植各式各樣的蔬菜呢！

↑ 提供朝聖者使用的空間：房間、餐廳食堂等。

→

加利西亞地區

　　阿斯圖里亞斯與加利西亞地區的邊界是一座跨越海岸600公尺長的大橋，一走下橋，石碑路標的方向呈現方式立刻與阿斯圖里亞斯顯現出差異，村莊裡的吊腳糧倉也變成長方形樣式。

抵達加利西亞的前幾晚，有些庇護所牆上會貼著往後幾天的分支路線資訊。前面幾個地區多是沿著海岸、繞過工業區而規畫出另一條路線。而在北方之路上的加利西亞地區，通過里瓦德奧（Ribadeo）這座靠海的小城後，就要漸漸走進內陸，除了幾個較熱鬧的城鎮外，沿途幾乎都是人煙寥少的小鄉村。

　　加利西亞地區有幾條分支路線，例如在蒙多涅多後，背對大教堂左右各有一條路線，往右前行的是近幾年規畫出來，全程11.9公里的官方新路線，往左則是幾十年來朝聖者走的舊路線，全程15.7公里，現在稱為「Ruta Complementaria」，據說都是柏油路。在距離蒙多涅多3公里的馬里茲（Maariz）小村莊，近幾年開了一間溫馨的庇護所O Bisonte de Maariz，屋主卡門是藝術家，在這裡可以看到她的創作。我未到訪此地，但看到網路上的報導照片，覺得這裡的住屋氛圍和周遭環境都是追求身心靈平衡的朝聖者會喜歡的類型，就算沒有在此入住，進來喝杯咖啡，和屋內的人交換故事想必都能得到特別的回憶，兩條路線將在恭丹（Gontán）小鎮會合。我和一位法國女孩選擇往右的較短路程，有三分之一都是上坡的山路，非常消耗體力，但據說這才是中世紀朝聖者的「官方路線」！時至今日坐落在山上的現代風力發電設施已不會讓朝聖者產生回到中世紀的美好錯覺，而那辛苦爬坡流下的汗水卻給予朝聖者無可取代的成就感。

　　進入山區一連串爬坡耗費體力，建議事先準備一些隨身乾糧。
　　行經加利西亞時埋藏在森林中的古橋、古老水泉和教堂。

　　而在索布拉多修道院的前後也各自有著分支路線：

　　從北方之路離聖地牙哥最接近100公里的巴蒙德（Baamonde）出發，走5公里會看見分岔的指標，往左剩95.383公里，多數人選擇走這條傳統路線，停留在9.5公里後的米拉茲（Miraz）或是再10公里後的阿蘿西卡（A Roxica），從阿蘿西卡到索布拉多修道院只有15公里的距離。有充足時間、偏好途中有較多設施、不趕行程的朝聖者，可走這條分兩天抵達修道院。

　　往右剩86.497公里，這條路屬於較新的替代道路，沿途沒有朝聖者設施，所經之處是原始的加利西亞農莊，優點是風景優美但較少人走，在100公里內通常人潮會大量增加，因此喜歡寧靜的朝聖者會選擇走這條，一天走32公里抵達修道院。在修道院前5公里的十字架小鎮（As Cruces）有餐廳可以吃飯稍作休息。

　　而據說原始之路上，從盧戈開始花兩天走到法國之路的會合處——梅利德，並不是最初的路線。古老的路線是從盧戈開始一路向西經過夫里奧爾（Friol），用兩天走到索布拉多修道院。

前往索布拉多修道院的支線指標。

在博伊莫爾托（Boimorto）之後可選擇要前往法國之路上的阿蘇亞（Arzúa）還是直接前往最後10公里的拉瓦科亞（Lavacolla）。

而修道院後的12公里處離開博伊莫爾托（Boimorto）小鎮之際，又會遇到分岔指標，在這裡朝聖者的選擇是再走10公里到阿蘇亞（Arzúa）休息，此處即是與法國之路的會合之處，沿途的食宿設施較多。

　　另一個選擇則是走30公里到拉瓦科亞（Lavacolla），選擇這條路線會較晚遇到法國之路的人潮。距離聖地牙哥的最後10公里，中古世紀的朝聖者會在拉瓦科亞的河邊梳洗乾淨後再走進聖地牙哥，今日則是聖地牙哥機場的所在地（機場代碼：SCQ）。選擇後者路線的步行朝聖者不多，這種長距離其實較適合腳踏車朝聖客。不過為了避開人群我仍然走了這條路線，沿途商店較少（約莫一間餐廳、兩間酒吧），但只要備好水和乾糧就不是問題。這條路的優點是多走在寧靜的農村和尤加利樹森林，是享受悠閒、不需擔心人擠人的路線。接近機場的前13公里開始沿著N634公路前行，這段路上人車分道安全無虞，沿途指標也非常清楚。常遇到體力較佳的夥伴後來也不約而同選擇這條路線，看來北方之路的朝聖者偏好避開人潮，也樂於嘗試替代路線。

最後一段路程是接近聖地牙哥機場的公路。
前往拉瓦科亞途中經過種植整齊的森林。

→

享受走路，也享受趕路

法國之路、北方之路這種長時間行走的路線到了最後階段，歷經三週的訓練，體力越來越佳，讓我總衝動想把某些路段兩天併成一天。因為在這趟旅程中，已經領略過一些美好事物、看過許多教堂古堡遺跡、享用過美食美酒、體驗過炎熱陽光和狼狽走在磅礴大雨中等等，因此到了尾聲時，總覺得不會再有什麼驚喜，甚至有點失去耐心，每到一個城鎮，已不會想好好研究這裡的歷史文物和傳奇軼聞了。

不知道是不是因為面臨假期即將結束，內心有返回現實世界的壓力，才開始越走越快。對於亞洲朝聖者，安排一趟長時間的步行之旅並不容易，不管你是學生、離職、退休、自由工作者、放暑假、環球背包客，都是從現實生活中「暫停」來此地。我是利用工作閒暇安排假期，一放假就出國，一回台灣隔天繼續工作，算是毫無緩衝空間的「暫停」。路上結識的西方朝聖者總是對這種暫停後快速回歸的模式感到訝異，有時會問我：「你為什麼不去海邊度假就好？」「你為什麼要花一整個月的假期走路？」老實說，我一開始也不懂為何

離聖地牙哥最接近100公里的巴蒙德庇護所開始變得很熱鬧。

自己會對西班牙的聖雅各之路這麼執著，但是回到家鄉忙碌於各種事情後總會特別想念那段路上的美好，所以才一再回到這裡。

　　剛開始朝聖之路吸引我的是外在的美好，可以不用費心規畫旅程，不必擔心餐風露宿，有黃箭頭、GPS指引方向不用害怕迷路，也不需準備昂貴旅費。後來我才發現這條路讓朝聖者能透過更深層的本質和更內在的剖析發現自己所需：對伴侶而言，走這條路就像是感情的試金石；對青少年而言，這條路讓他們嘗試翅膀漸硬的感受；對退休人士，這趟旅程能讓他們逐漸轉移生活重心對世界產生興趣；對我而言，遠離喧囂吵雜、人來人往的工作場合，在這條路上享有片刻寧靜，不想說話時獨自前行，需要講話時也有朝聖者互相陪伴，這種「在世界另一端才找得到的平靜」大概是最吸引我的原因。

　　在北方之路上100公里的小鎮巴蒙德（Baamonde），遇到荷蘭朝聖者雨果，晚上討論如何規畫隔天時，我說想省下一天時間直接走到索布拉多修道院（一般旅遊書建議花兩天），這樣多出來的那天我可以待在聖地牙哥、或去馬

德里逛普拉多美術館、或是更改機票提前回台灣在家躺個一整天。這時這位老兄突然一本正經地板起臉孔告訴我「Camino教我們的不就是要放慢人生的腳步，享受路上的美好嗎，那麼妳現在為什麼要刻意趕路呢？」面對這個突如其來的質問讓我一時難以招架，一個普通的「你明天計畫去哪裡」對話，卻好像變成朝聖者心靈探討大會。

　　不過仔細想想，趕路哪有什麼對錯呢？早一天晚一天，終究都會抵達聖地牙哥，我從伊倫走來時時刻刻都在享受，爬山的精疲力盡、巴斯克的美食、一個人包場庇護所的自在、歷史文化的啟發、得到最後一張床位的幸運、跳過工業區搭車的樂趣，每件事都令我非常快樂，而當進入一百公里之際，經過這些

高潮迭起後，心情反而出乎意料的平靜。再也不在意現在是北方之路的第幾天，也沒有那種「要結束了」的成就感，彷彿我只是一具行走的軀殼，中途休息後，過一段時間再繼續走。因為知道自己遲早會再回到路上，這次就自知分寸地接受事實，一步步踏回現實生活吧！一個人在歷經四次朝聖之旅終究成熟地學到一課：「我出去一下，還是得回來。」

　　就算荷蘭朝聖者離去前勸我多想想，隔天起床的那刻，我內心的聲音仍然告訴自己今天就去索布拉多修道院，而在那條冷門的替代路線，我獲得100公里難能可貴的寧靜，彷彿經過的山峰、野餐的草地、雜草叢生的公車亭座椅都是我所擁有，誰說趕路就不能享受這條路的樂趣呢？

←↓ 走較冷門的支線有點像在趕路，不過風景優美，人潮稀少，找一塊草地坐下來野餐或午睡，是非常幸福的時光。

北方之路支線

　　北方之路支線是為了讓朝聖者欣賞更美麗的風景、避開柏油路、沿襲中世紀朝聖者路徑所設計，或者有時走陸路花太多時間而改採水路省時省力，10來公里以後兩條路線會再度會合。以下介紹不同支線的兩條路，目的地不是星野聖地牙哥，但也各自具有宗教意涵。

該路線起點聖文森德拉巴爾克拉（San Vicente de la Barquera）的美麗海景及壯觀山景。

路線 1 坎塔布里亞的雷巴納之路

Camino Lebaniego ▶ 🌐 https://www.caminolebaniego.com/inicio

　　起點在北方之路上坎塔布里亞最後的城鎮聖文森德拉巴爾克拉（San Vicente de la Barquera），一般的北方之路是繼續向西行，這條支線則是往南，進入坎塔布里亞山區，全程72公里，分成三天進行，途中景觀多為森林或山路，也能體驗壯觀的歐洲群峰美景。第三天抵達終點雷巴納的聖托里比奧修道院（Monasterio de Santo Toribio de Liébana），當地存放著一件對教徒極為重要的聖物：耶穌釘在十字架受難而死的那塊十字架原木（Lignum Crucis）。當時的十字架分散成不同木塊流落不明，聖托里比奧修道院的收藏被認為是現今保存品中最大塊的部分，據說木塊的位置靠近耶穌的手部，五世紀時由阿斯托加的托里比奧主教從耶路撒冷帶至伊比利半島。現今木塊存放在華麗的金屬十字架中，在8世紀天主教和伊斯蘭教打仗時，教會將聖物和托里比奧主教的聖體移至坎塔布里亞深山中的修道院以避免遺失。13世紀後增建了哥德式風格的教堂，成為朝聖者前往星野聖地牙哥途中的其中一站。

1512年起由教皇制定，遇到4月16日為星期日，則為當地的聖年，才會打開教堂的主門：寬恕之門（Puerta del Perdón）。走到這裡後可接續瓦迪尼之路（Camino Vadiniense）與法國之路在接近萊昂處會合。

路線 2 阿斯圖里亞斯的科瓦東加之路

Ruta Gijón-Covadonga ▶   🌐 https://bit.ly/2F9uPNO

　　希洪是北方之路上阿斯圖里亞斯的大城市，從這裡有一條80公里的路線，分成三天進行，沿著內陸深山走進目的地科瓦東加聖所。第一天的路程是希洪到比亞比西奧薩（Villaviciosa），也就是與北方之路走反方向；第二天則是按照地上的藍色箭頭或路邊的指標「Camin A Cuadonga/ Covadonga」前行。

　　科瓦東加最著名的戰役，即前面原始之路所提過，西元718年（另一派學者認為是722年）由西哥特王國貴族佩拉約帶領天主教信徒在深山以寡擊眾打敗摩爾人軍隊，也是歷史記載711年伊斯蘭教族群入侵伊比利半島以來，天主教軍隊贏下的第一場勝仗。傳說當佩拉約帶領軍隊在此躲避摩爾人攻擊時，在洞穴發現一尊聖母像，因此在贏得這場戰役後，眾人認為是神跡讓天主教軍隊得以險勝存活，國王阿方索一世便在洞穴中建立紀念聖母的聖所（Santa Cueva de Covadonga）。附近也有一座19世紀興建的大教堂，山上有科瓦東加湖，都是著名的觀光景點。

⬆➡ 沿途的藍色指標，便是前往科瓦東加的路線。

⬇ 科瓦東加的洞穴聖母聖所。圖片提供：阿斯圖里亞斯旅遊局，© Turismo Astuias，攝影：Juanjo Arrojo。

PART 7

世界盡頭
之路

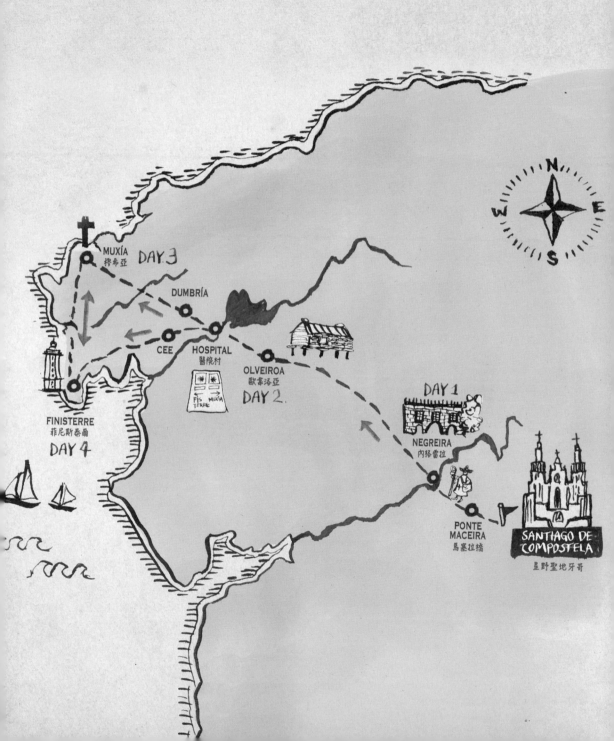

MUXÍA
穆希亞

DAY 3

DUMBRÍA

CEE

HOSPITAL
醫院村

OLVEIROA
歐韋洛亞

DAY 2

FISTERRA
MUXÍA

FINISTERRE
菲尼斯泰爾

DAY 4

DAY 1

NEGREIRA
內格雷拉

PONTE
MACEIRA
馬墨拉橋

SANTIAGO DE
COMPOSTELA

星野聖地牙哥

N
E
S
W

再度一人上路

⇑ 離開聖地牙哥舊城區看到的第一個黃箭頭。

　　多數人的朝聖之旅會在抵達星野聖地牙哥後宣告結束，也有些人會選擇繼續向西走到古羅馬時期被認為是世界盡頭的菲尼斯泰爾（Finisterre， 拉丁文finis terrae，又稱菲斯特拉Fisterra）以及穆希亞（Muxía），全程大約115公里，需要至少4天的時間完成。

　　應該把菲尼斯泰爾還是穆希亞當作旅程的最後一站？這兩個地方各有擁護者，我選擇先走穆希亞再去菲尼斯泰爾的原因很簡單，前者回聖地牙哥一天只有大清早和午後兩班車，後者的車次則密集許多。儘管沒有跟電影《The Way》的主角走一樣的方向，我仍然非常幸運地在這條路上獲得喜悅的瞬間和不可思議的奇遇。

　　要離開聖地牙哥這個充滿喜悅的城市並不容易，尤其是當時一起走原始之路的夥伴都還留在城內慶祝和放鬆，我在廣場待到下午三點多享受足夠的節慶氣氛後才開始上路。離開市中心的第一條巷子就能感受到熱鬧或歡樂都留在歐伯拉多伊羅廣場，只剩朝聖者獨自再次上路，面對未完的旅程。

⇩ 距離聖地牙哥30分鐘後的路程，往回看到的美麗景象。

離開聖地牙哥約30分鐘的路程後，在塞雷拉德拜索（Sarela de Baixo，海拔221公尺）往回看，可清楚從遠方看向聖地牙哥，這是我認為比起法國之路的喜悅山頭、葡萄牙之路進城前的山丘，更能完整看到這座美麗教堂的地方，少了周圍現代水泥建築，只有單純的樹木森林作為風景，一人再度上路能看到聖地牙哥如此美麗的一刻，便不再感到孤單。

同樣是走在加利西亞的森林，世界盡頭之路上下起伏坡度不少，剛上路就會遇到將近一公里的上坡，連腳踏車騎士都會下車吃力地推車前進。景色沒有太大變化，好處是比起從薩利亞之後到聖地牙哥的朝聖路，人潮驟減許多，想體驗幽靜的山區健行，這條路段能呈現出最佳的加利西亞面貌。

✳ 馬塞拉橋
Ponte Maceira

距離星野聖地牙哥18公里的馬塞拉橋是一座大約13到14世紀興建的羅馬式古橋，18世紀時曾整修過，佇立在坦布雷河上（río Tambre），連接西部加利西亞地區海岸到聖地牙哥的重要橋墩。這裡有個傳說，當聖雅各死後弟子帶著其石棺上岸尋找安葬之處時曾遭到羅馬士兵追殺[21]，在弟子們通過河岸後，追趕在後的羅馬士兵隨即落水並被河流沖走，此現象被視為神蹟並流傳至今。經過這裡時可看到午後戲水的人們以及周遭美麗的風景和建築，是個值得朝聖者停下來休息欣賞風景的好地方。

⬆ 馬塞拉橋附近的特色建築和河邊風光。

---

21 對於聖雅各殉教後確切的上岸處有不同的說法，有一說是葡萄牙之路的烏亞河口，另一說則是現今菲尼斯泰爾到穆希亞之間的海岸。

☀ 內格雷拉 Negreira

內格雷拉市政廳

🌐 http://concellodenegreira.gal/

　　朝聖客第一晚通常會停留在這個小鎮，離開內格雷拉前的科頓宮（Pazo de Cotón）外的廣場非常值得駐足停留，這座14到15世紀建築經歷不同時期的重建，由城堡轉變為具有防禦性質的堡壘，18世紀時連接起一旁的聖毛羅教堂（la Capilla de San Mauro），城門下是三個圓拱通道，城牆連接到旁邊的莊園現為私有地。8月底或9月初的週末，這裡的廣場會舉辦2至3天的羅馬式中世紀節慶，此時莊園也會對外開放，若想參加可先到市政廳網頁查詢。

← ↑ 門下的拱門通道及美麗莊園。

↓ 清晨從內格雷拉出發，經過科頓宮。

↑↓ 一年一度的羅馬式中世紀節慶，有不少攤販市集以及特殊表演活動。圖片提供：內格雷拉市議會，© Concello de Negreira。

分岔點後，沿途孤寂

第二晚住在歐韋洛亞（Olveiroa）小鎮，隔日早晨在天氣好的狀況下，便能在天色微亮之際看見雲霧圍繞著遠方山頭的風車。朝聖者會遇到一個課題，經過醫院村（Hospital）以後，在交岔路看到兩塊方向相反的石碑路標，並做出決定：前往穆希亞或是菲尼斯泰爾？

原以為兩邊的選擇各占一半，但當我佇足在路標旁觀察了一陣子，發現多數人都往菲尼斯泰爾的方向前進。對朝聖者而言，在四下無人或景色遼闊的地方，越能放大自己的想法和感受，一直以來習慣自己單獨上路，卻在與眾多朝聖者分道揚鑣後，才開始感受到萬物大地的寂靜和傾聽內心的聲音。

這趟旅程我先走原始之路，從奧維耶多開始，在阿斯圖里亞斯和加利西亞山區跨越數不清的上坡和下坡，當身處在深山和小鎮時，完全無法想像世界盡頭會是什麼樣子，加上抵達聖地牙哥前每天都有原始之路的夥伴相互陪伴，時常沉浸在溫馨歡樂的團體氛圍中。

⇧ 世界盡頭之路的沿途風景。

⇧ 清晨的雲海景觀。

⇦ 歐韋洛亞小鎮上的公立庇護所。

然而前往世界盡頭，尤其是前往穆希亞的路很不一樣，這條路多了些寧靜甚至莊嚴的氣氛。彷彿是褪去夏日健行度假的外衣，回歸朝聖之旅的本質：平靜的行走。想像著自古以來的朝聖者，以遙遠的西邊聖地為目標耗費數個月時間前進，結束後再繼續往西，抵達陸地與海洋的交界、世界的盡頭。而我行走在前往穆希亞的路上，經過寂靜的小鎮，本地人早就習以為常的閑淡荒涼，卻引來我這個過客自作多情的垂憐。然而也是在霎那間才讓我意會到，或許這會是最接近中世紀朝聖者抵達世界盡頭的心境。

　　沿著海岸松樹林行走，直到湛藍的大西洋出其不意地出現，穆希亞清澈的海水和沙灘映入眼簾，頓時豁然開朗，原來朝聖之旅已逐漸邁入尾聲。

　　從穆希亞市中心走到海邊的聖母教堂（Santuario de Nuestra Señora de la Barca）來回大約3公里，在前羅馬時期曾是凱爾特人進行祭祀的地方，17世紀時興建了此教堂，據考古推測大約在6世紀時海岸地區開始有天主教的傳教活動，不過真正有規模的信仰天主教應是在12世紀開始以後。傳說中聖雅各前往伊比利半島傳教時，聖母乘坐石船前來鼓勵，因此海岸上的巨石被認為擁有神奇的力量，聖母教堂外有一顆船型大石叫做「Pedra dos Cadrís」，據說在這顆石頭下方成功鑽過去9次，就能治癒腎臟疾病或身體的疼痛！

🔼 抵達穆希亞，看見湛藍的大西洋，原來世界盡頭已經到了。

穆希亞的燈塔。

聖母教堂前的船型大石，據說鑽過這顆石頭9次就能治癒身體疾病。

名為「傷痕」的巨型花崗岩雕塑。

海邊的聖母教堂。

　　而海邊刻著0.00公里的石碑後面，是一座名為「傷痕」（A Ferida）的巨型花崗岩雕塑，紀念2002年11月一場外海的事故。當時巴哈馬籍油輪「威望號」裝載著7.7萬噸燃料油，因遇上風暴，船體和油箱破裂，在穆希亞附近海域沉沒，導致裝載的原油大量外洩，浮油漂向海岸，嚴重影響加利西亞沿岸生態，甚至在一段時間後，油污擴散至北邊坎塔布里亞海岸、巴斯克地區，連葡萄牙和法國也受到影響，當時預估至少要10年才能平息這場生態浩劫。在那之後西班牙投入大量人力、志工協助沿海廢油清理和動物救援，這個事件也讓歐盟正視此問題並開始修法，實施限制單殼及高齡油輪在歐盟海域間行駛的法律。

　　0公里的石碑和傷痕紀念碑如此相近，提醒著我們要有一種使命感，如果我們對朝聖抱有熱情並且一路延續到世界盡頭，那麼除了對所見美景感到讚嘆之外，更應懷抱社會關懷。傷痕不會消失，人們應該從過去的不幸事件汲取教訓，時時刻刻對於生命與大地的美好抱持感謝的心。

交通資訊

🚌 從穆希亞回聖地牙哥巴士班次：一天兩班

週一至週五：06:45、14:30；

週六及節日：07:30、14:30；

週日：07:30、18:45。

⚠ 時刻表會因當地巴士公司有所調整或更新，若有異動請以庇護所或遊客中心提供的最新版本為主。

⬇ 登高欣賞穆希亞漁村小鎮的風景。

從穆希亞到菲尼斯泰爾，
最後一個箭頭

世界盡頭之路的最後一天，是從穆希亞到菲尼斯泰爾29公里的路程，這是一條雙向路段，因此途中可看到不少朝聖者迎面而來朝穆希亞的方向前進。

除了出發4公里後面臨長達2公里的上坡，其餘路段並不難走，中間也有離海岸較近可欣賞海景的替代道路。前進古羅馬時期的世界盡頭，我已準備好為這趟旅程畫下句點。回想著從原始之路開始，每條讓人筋疲力盡的山路、在荒涼小徑尋找廢墟遺跡、結束一日行程後和朝聖路上認識的朋友一起喝杯啤酒，都是這三個禮拜以來的美好回憶。但總覺得就這樣結束好像還缺少什麼。所謂朝聖之路上最感動的事、流淚的瞬間、感覺神蹟降臨的時刻，我好像還沒體悟到就要回家了，心中充滿不踏實感。

抱持著這種疑惑心情，抵達菲尼斯泰爾，到庇護所卸下行李，步行最後的3.5公里至海角盡頭燈塔處，遇到幾位前天認識的朝聖者，當我們屏息看完海邊的日落後，突然聽到其中一位朝聖者指著眼前的海面驚呼：「快看！」。原來海浪的泡沫不知從何時開始變成箭頭的模樣。

↟ 為朝聖者鼓勵打氣的加利西亞穀倉。

↟ 抵達菲尼斯泰爾的市中心。

或許對一般人來說那只是海上的浪花，但對每天靠著箭頭指引方向而前進的朝聖者，那是我們再熟悉不過的夥伴和導師。我想我必須盡量保持客觀，不去誇大當下感受或把這種現象歸類為非自然因素，但在現場看到這個箭頭時，腦海裡浮現的念頭是，如果到了現代還有神蹟，我真的願意相信連上天都在幫我創造令人感動的瞬間。

↑ 步行最後3.5公里至海角燈塔處途中的朝聖者雕像。

箭頭的方向指的是回到市中心的路，告訴朝聖者該回住處休息，似乎也在告訴我可以沒有遺憾的回家了，我再度從這條路上補充能量也獲得出發前期盼要體驗到的感動。一千個人走朝聖路，就會產生一千個故事，在這裡我並不是要請讀者複製我的個人經驗，或告訴大家走到世界盡頭就一定會實現想要的事。

因為朝聖之路跟人生一樣，是一條漫長的旅程，也承載著他人未竟的心願。走一次不一定就能解決人生的所有疑惑，但我相信只要用心體會、仔細咀嚼朝聖途中的回憶，有許多微小的想法、轉變的念頭、甚至別人的生命故事都會一點一滴地開始在你心中累積、加深，並且轉化為全新的能量，留待人生路上需要時發出光芒。

而我也在這個箭頭的指引下，感受到自己對朝聖之路充滿興趣和研究熱忱，回台灣後便決定，書寫一本關於朝聖之旅、關於西班牙各地歷史文化的朝聖路專書。

交通資訊

🚌 從菲尼斯泰爾回聖地牙哥直達巴士班次：平日六班，週末五班
　　週一至週五：08:20、09:45、11:45、15:00、16:45、19:00；
　　週六：09:45、11:45、15:00、16:45、19:00；
　　週日及節日：09:45、11:45、16:45、19:00。

⚠ 時刻表會因當地巴士公司有所調整或更新，若有異動請以庇護所或遊客中心提供的最新版本為主。

↑ 海上的浪花打成了一個朝聖者熟悉的箭頭，指引著回家的路。

前往世界盡頭的最後一段路程。